Saskia Gwinn *Vasilisa Romanenko*

SPUREN DER URZEIT

PRESTEL
München · London · New York

INHALT

Überall in der Natur
verbergen sich geheime Geschichten,
die nur darauf warten, von dir entdeckt zu werden.

Das Funkeln am Himmel erzählt von der Geburt der Erde,
als alle Lebewesen aus einer Wolke Sternenstaub entstanden ...

Unter deinen Füßen schlängeln sich Würmer, die von der Zeit berichten
können, in der die Dinosaurier verschwanden ...

Die Muscheln am Strand tragen die Abenteuer von Tieren in sich,
die vor langer Zeit dort lebten ...

In den Ozeanen hüten die Korallenriffe geheime Aufzeichnungen
über das Wetter in der Vergangenheit ...

In den Wäldern und Meeren, im Eis und im Himmel, in den Bergen, im Boden, bei den Vögeln und anderen Tieren finden wir geheime Geschichten. Sie erzählen von der Zeit, als Wale an Land lebten, Robben noch keine Flossen hatten, Salamander so groß wie Autos und Vögel die gefährlichsten Lebewesen der Erde waren – nämlich Dinosaurier.

Wenn du genau hinsiehst, wirst du sie entdecken – sie rauschen in den Bäumen und leuchten am Himmel, sie sind in der Erde vergraben oder wehen mit den Blättern im Wind ...

... die geheimen Geschichten der Natur.

Geheimnisse im Meer

In unseren Meeren tummeln sich zahlreiche große und kleine Lebewesen. Spektakuläre Seesterne tapsen mit ihren kleinen Füßen von Fels zu Fels. Erstaunliche Quallen leuchten in der Dunkelheit, und geschickt schnappen sich Haie ihre Beute. Die Unterwasserwelt gleicht einem unglaublichen Museum und die Tiere und Pflanzen, die dort leben, sind der Schlüssel zu seinen geheimen Geschichten. Unter den Wellen liegen fossile Überreste uralter Lebewesen und farbenprächtige Korallenriffe, die uns Aufschluss über das Klima der Erde in früheren Zeiten geben. Viele Rätsel wurden schon gelöst, aber es gibt noch einiges zu erforschen …

(1) *Seestern*

Seesterne benutzen ihre Arme, um sich im Meer von einem Unterschlupf zum anderen zu bewegen. Dazu füllen sie ihre winzigen Röhrenfüßchen, die sich unter jedem Arm befinden, mit Meerwasser. Manche Wissenschaftler glauben, dass Seesterne Nachfahren der federarmigen Seelilien sind, die mit ihren Stielen am Meeresboden verankert sind. Man hat fünfstrahlige federartige Fossilien mit Stielen gefunden, die mehrere 100 Millionen Jahre alt sind. Sie könnten die urzeitlichen Verwandten der Seesterne sein. Damals, als noch alles Leben auf der Erde im Meer stattfand, hätten sie ihr Zuhause mit furchteinflößenden Seemonstern, wie Seeskorpionen, geteilt, die so groß wie Menschen waren.

(2) *Qualle*

Leuchtend treiben die Quallen mit ihren langen Tentakeln im Ozean. Sie bestehen zu 95 Prozent aus Wasser, haben durchsichtige Schirme und giftige Nesselzellen, aber weder Knochen noch Lunge, Gehirn oder Herz. Als Forscher diese außergewöhnlichen Tiere untersuchten, kamen sie zu neuen Erkenntnissen über die Vergangenheit. Sie entdeckten ein Geheimnis über den Schlaf. Fast alle Tiere schlafen, weil sich ihr Gehirn erholen muss, aber Quallen schlafen auch, obwohl sie gar kein Gehirn besitzen. Daher wissen wir, dass urzeitliche Tiere schon geschlafen haben könnten, bevor sie überhaupt ein Gehirn entwickelt haben.

(3) *Quastenflosser*

Früher glaubte man, dass diese riesigen Lebewesen aus der Tiefsee vor etwa 65 Millionen Jahren ausgestorben sind. Dann fand 1938 ein überraschter Kapitän mit seiner Mannschaft ein Exemplar in seinem Fischernetz. Wissenschaftler denken, dass sich die Quastenflosser über Jahrmillionen hinweg kaum verändert haben. Ihre ungewöhnlichen Schuppen, die wie eine Rüstung wirken, hat man sonst nur bei Fossilien längst ausgestorbener Fischarten gefunden. Deshalb bekamen die Quastenflosser auch den Spitznamen „lebende Fossilien". Noch verblüffender ist, dass sie mit urzeitlichen Tetrapoden verwandt sind – und diese sind die Vorfahren aller an Land lebenden Tiere.

(4) *Seefeder*

Auch wenn sie wie vielfarbige Federn aussehen, setzen sich diese Blumentiere in Wirklichkeit aus Polypen (siehe S. 7) zusammen. Wenn man sie berührt, leuchten sie in der Dunkelheit. Die Polypen auf den Seitenästen filtern Nahrung aus dem Wasser, der bauchige Fuß ist im Sand verankert. Seefedern ähneln den Charnia (farnblattähnlichen Lebensformen), die vor etwa 550 Millionen Jahren gelebt haben, so sehr, dass die Wissenschaft einst annahm, dass sie mit ihnen verwandt sind. Aber wie sich herausstellte, ist das nur ein extrem seltener Zufall!

(1)
(3)

(1) *Koralle*

Korallenriffe gibt es in über 100 Ländern der Welt. Sie sind von Tausenden unterschiedlicher leuchtend bunter Korallen bedeckt, in denen Organismen leben, die man Polypen nennt. Polypen sind röhrenförmig und besitzen Münder und Fangarme.

Korallen sind Zeugen der Erdgeschichte. Sie bestehen aus einem Skelett aus Ringen und werden viele Tausend Jahre alt. Man kann ihnen Proben entnehmen und untersuchen, wie dick ein Ring ist und welche Farbe er hat. Daraus lässt sich unter anderem ablesen, welches Wetter vor Jahrtausenden geherrscht hat. Dunkle Ringe geben Hinweise auf wärmere Temperaturen.

(2) *Meeresboden*

Wusstest du, dass die unterschiedlichen Farbschichten des Meeresbodens einen Blick in die Vergangenheit ermöglichen? Forscher untersuchen die Schichten, und die Bestandteile, die sie darin finden, verraten uns geheime Geschichten. Enthält eine Schicht zum Beispiel keine Muscheln oder Fossilien von Kleinstlebewesen (winzige Überreste von Tieren, Pflanzen oder Bakterien), dann sagt uns das, dass es zu dieser Zeit zu einem massiven Artensterben gekommen sein könnte.

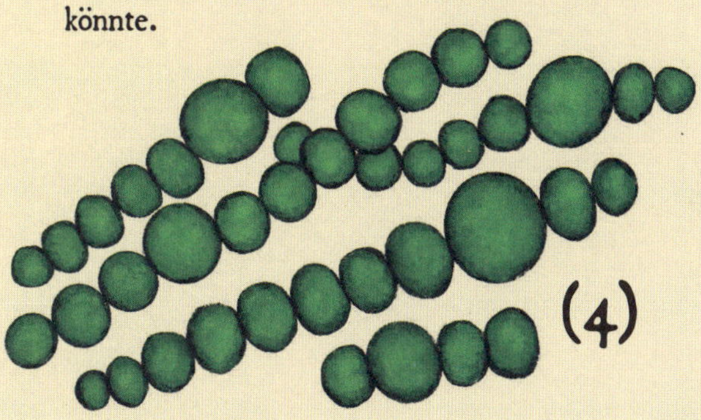

(4)

(3) *Schwamm*

In Schwämmen stecken verblüffende Geheimnisse, da sie die DNA von anderen Tieren speichern. Die DNA ist wie eine Bauanleitung für alle Lebewesen. Wenn wir sie entschlüsseln, verstehen wir die Unterschiede zwischen den Tieren, die heute leben, und den Tieren, die vor langer Zeit gelebt haben – und wie sie miteinander verwandt sind. Schwämme speichern die DNA, wenn sie Meerwasser filtern. Das Wasser enthält loses Gewebe und Zellen von Meeresbewohnern, die an ihnen vorbeigeschwommen sind. Schwämme können uns also erzählen, welche Tiere in ihrem Gewässer leben oder vorbeigezogen sind. Das hilft Wissenschaftlern, ein vollständigeres Bild der Ökosysteme unserer Ozeane zu bekommen.

(4) *Blaualge*

Cyanobakterien, auch Blaualgen genannt, sind Organismen, die oft im Meer (oder in Teichen oder Seen) vorkommen. In ihnen steckt die Geschichte von einem der wichtigsten Bestandteile der Erde – dem Sauerstoff, also dem Gas, das wir zum Atmen und Leben brauchen. Erst seit Cyanobakterien begonnen haben, ihn zu produzieren, gibt es Sauerstoff auf der Erde. Aber Cyanobakterien leben nicht nur im Wasser – sie existieren in vielen Lebensräumen, auch in Felsen in der Wüste oder in einigen Arten von Baumflechten. Blaualgen sind sehr giftig. *Nicht berühren!* Ohne Sauerstoff würde es DICH nicht geben.

(2)

Haie

Hunderte unterschiedlicher Haiarten gleiten durch die Weltmeere. Die meisten Haie besitzen einen torpedoähnlichen Körper, v-förmige Schuppen und Schwanzflossen, mit deren Hilfe sie steuern. Das Haiskelett besteht überwiegend aus festem, gummiartigem Knorpel (einem Bindegewebe, das es auch im menschlichen Körper gibt). Solche Dinge liefern der Forschung Hinweise auf die unglaubliche Entwicklungsgeschichte der Haie ...

Die Wissenschaft geht davon aus, dass die Vorfahren der Haie vor etwa 450 Millionen Jahren zahnlose Schwimmer waren, die sich schließlich zu sogenannten Acanthodii entwickelt haben. Diese haiähnlichen Tiere hatten oft keine Zähne und diamantförmige Schuppen, eine ganz andere Form als die Schuppen der heutigen Haie. Vor 380 Millionen Jahren folgte das „Goldene Zeitalter der Haie". In dieser Zeit starben unzählige Tierarten aus, aber die Vorfahren der Haie wurden die Herrscher der Meere. Viele seltsame und wunderschöne Haiarten entwickelten sich, darunter auch der heute ausgestorbene Helicoprion, der an der Spitze seines Unterkiefers eine mit Zähnen besetzte Spirale hatte.

Die Wissenschaft glaubt, dass die Haie und ihre Vorfahren im Laufe von Millionen von Jahren fünf Massenaussterben überlebten und sich in dieser Zeit von großen zu kleinen – und dann zu RIESENGROSSEN – Tieren entwickelten, ehe sie schließlich zu den ganz unterschiedlich großen Haien von heute wurden. Über 500 beeindruckende Haiarten schwimmen durch unsere geheimnisvollen Ozeane.

Zwerg-Laternenhaie haben Leuchtorgane auf ihrer Bauchseite, die ihnen helfen, Beute anzulocken, mit anderen Haien zu kommunizieren und sich vor Verfolgern zu schützen. Sie sind gerade einmal so groß wie die Hand eines Erwachsenen. Warum sie im Laufe der Evolution so klein geworden sind, ist noch ungeklärt.

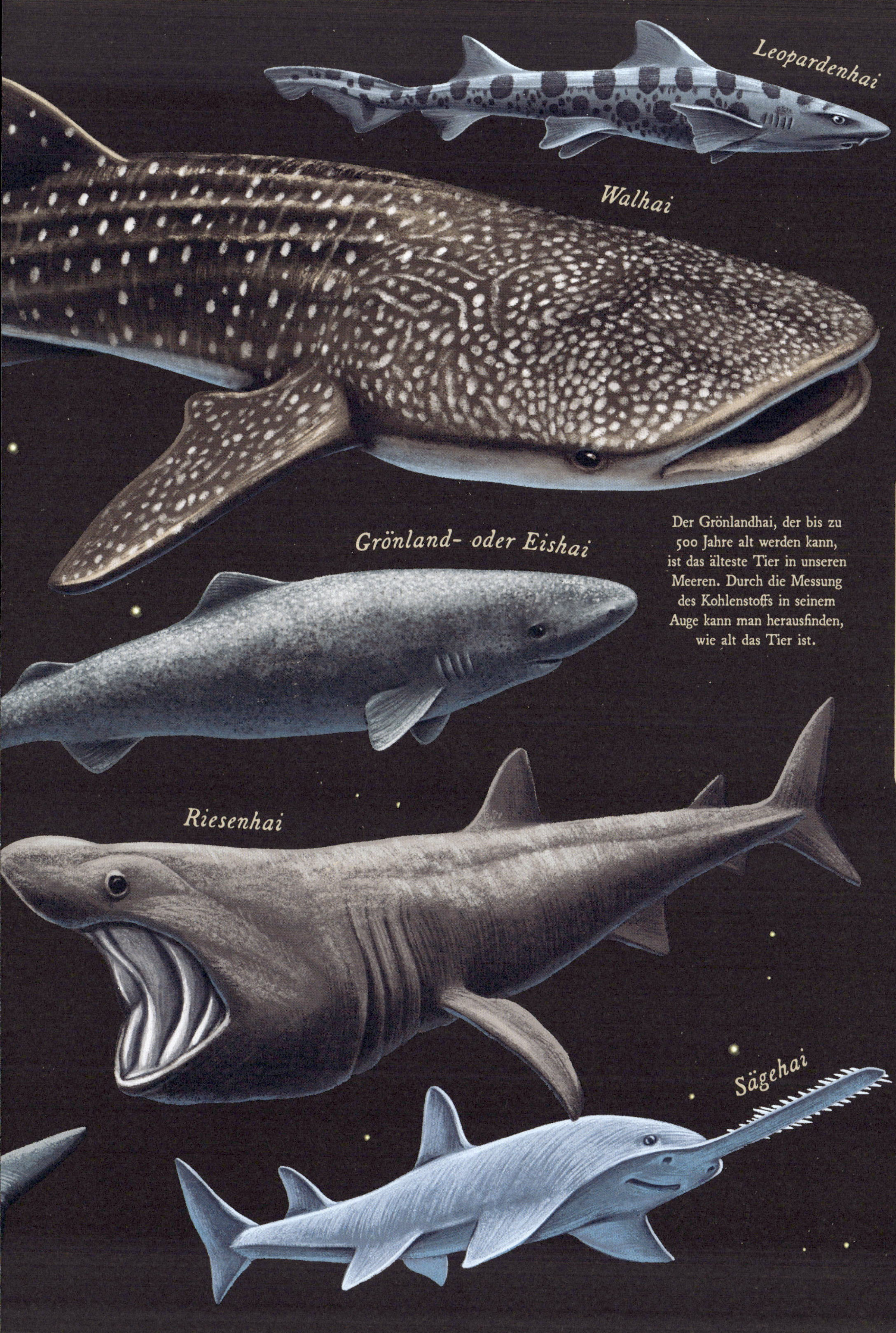

Der Grönlandhai, der bis zu 500 Jahre alt werden kann, ist das älteste Tier in unseren Meeren. Durch die Messung des Kohlenstoffs in seinem Auge kann man herausfinden, wie alt das Tier ist.

Geheimnisse im Eis

Willkommen in den eisigen Lebensräumen der Natur, wo Pinguine ihre Eier schützen, Eisbären umherstreunen und Robbenbabys schwimmen und tauchen. Es ist kein Geheimnis, dass die kältesten Orte der Welt bemerkenswert sind, auch ein paar der außergewöhnlichsten Geschichten sind im Eis eingeschlossen. Von Massenaussterben bis zu Vulkanausbrüchen, von Dinosaurierfossilien bis zur Erdatmosphäre der Vorzeit kann uns das Eis so viel über die Vergangenheit unseres Planeten erzählen.

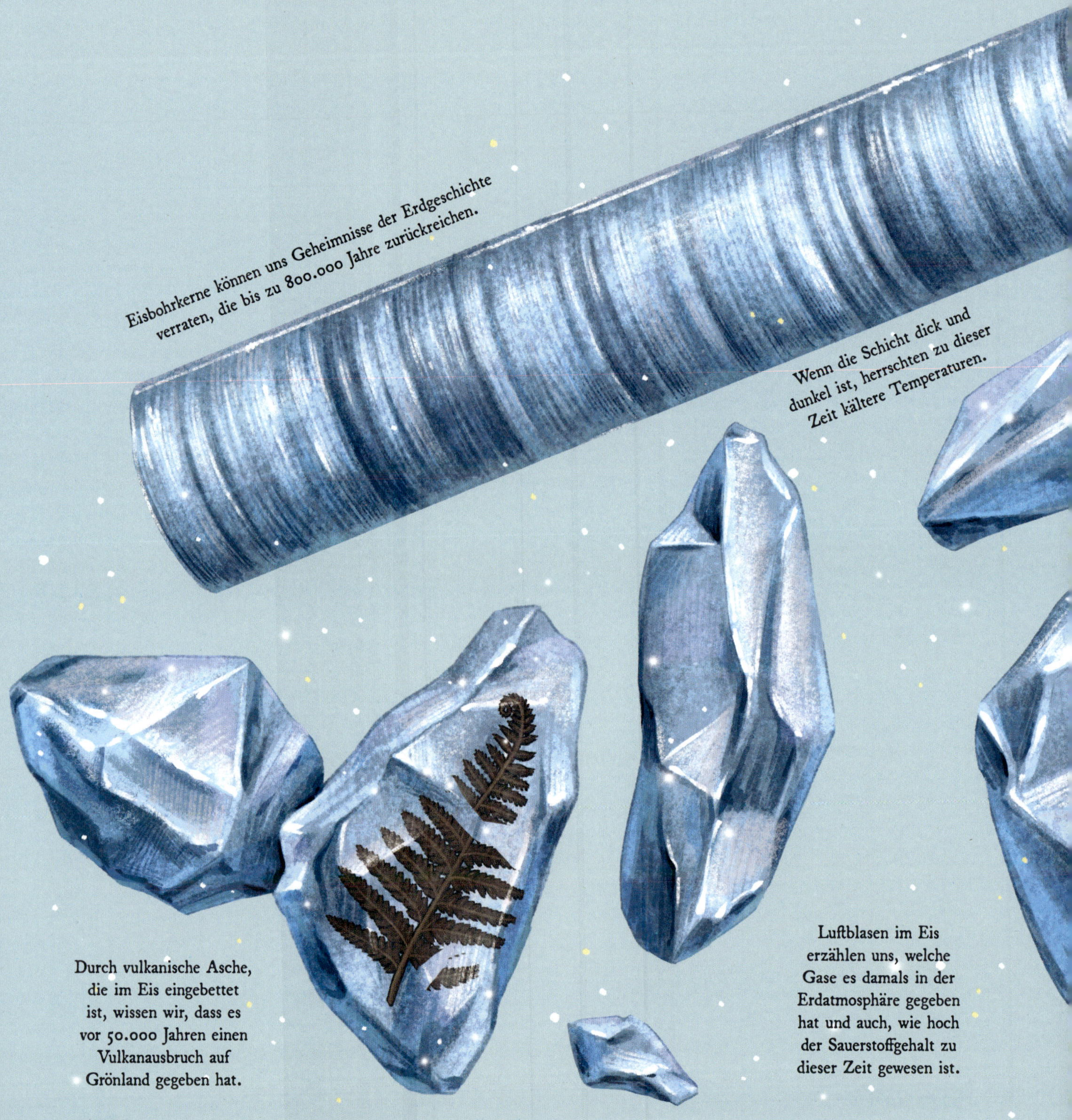

Die Geschichten aus der Vergangenheit im Eis geben uns Anstöße, über die Klimaveränderungen und die Zukunft der Erde nachzudenken. Die Geheimnisse, die in den Eisbohrkernen stecken, zeigen uns, dass wir heute den höchsten Kohlendioxidgehalt in der Erdatmosphäre seit 400.000 Jahren haben.

Weil ein 4 bis 6 Milliarden altes Fossil eines Meteoriten Eis enthielt, hält es die Wissenschaft für möglich, dass das Eis über Asteroiden auf die Erde gelangt ist.

Eisbohrkerne

Eis ist so etwas wie eine gefrorene Zeitkapsel. Es kann uns helfen, die Geschichte der Erde wie ein Puzzle zusammenzusetzen. Im Eis konserviert fand man die Überreste von Dinosauriern, Mammuts, Pflanzen und Mikroorganismen. Aber das Eis kann uns auch einen Wetterbericht liefern oder über die Erdatmosphäre und die wichtigsten Ereignisse berichten, die vor Jahrtausenden stattgefunden haben. Wissenschaftler können Gletschern gigantische Zylinder aus Eis – Bohrkerne – entnehmen. Sie untersuchen die einzelnen Schichten, um herauszufinden, zu welcher Zeit die Erde vollkommen von Eis bedeckt war, welche Pflanzen in der Urzeit wuchsen, wann gewaltige Vulkane ausbrachen und wie viel Sauerstoff es früher auf der Erde gab.

In den eisigen Gletschern der Antarktis haben Paläontologen das Fossil eines Cryolophosaurus, einer Dinosaurierart, gefunden. Vor vielen Millionen Jahren wuchsen dort Wälder. Und es war überhaupt nicht kalt!

(1)
(2)
(3)
(4)

(1) *Koloss-Kalmar*

In der Tiefsee unserer Ozeane verstecken sich gut getarnte Kalmare, die bis zu 14 Meter lang werden können. Der Koloss-Kalmar ist der allergrößte! Kalmare können schnell schwimmen, sie haben acht Tentakeln und zwei zusätzliche Fangarme zum Jagen. Mit diesen schießen sie auf die Beute zu. Aber früher waren Kalmare viel langsamer. Fossilien beweisen, dass ihre Vorfahren Panzer auf dem Rücken trugen und dadurch weniger beweglich waren. Im Laufe der Zeit wurde der Panzer kleiner, bis er schließlich verschwand. Die Kalmare mussten schneller werden, um ihre Beute anderen Meerestieren wegzuschnappen und ihren Feinden zu entkommen, die sich ebenfalls weiter- oder neu entwickelten.

(2) *Eisbär*

Psst! Eisbären haben überhaupt kein weißes Fell. Ihre Haut ist schwarz und ihr Fell ist eigentlich durchsichtig. Aber in der Sonne werden alle Farben reflektiert und die Haare wirken weiß. Früher war dieser clevere Trick gar nicht notwendig. Doch dann zogen vor langer Zeit Bären mit braunem Fell an kältere Orte. Sie passten sich ihrer Umgebung an und das Fell änderte seine Farbe. Die Ohren und der Schwanz wurden kleiner, damit der Körper weniger Wärme abgab und nicht so schnell auskühlte – deshalb sehen Eisbären heute so aus, wie sie aussehen!

(3) *Largha-Robbe*

Largha-Robben, Sattel-, Mützen-, Ringel-, Bart- und Bandrobben – sie alle können in eisiger Umgebung leben. Mithilfe ihrer fantastischen Flossen gleiten sie durch das eiskalte Wasser. Aber wusstest du, dass sich Robben vor langer Zeit auf vier Beinen an Land fortbewegt haben? Die Fossilien von urzeitlichen Ahnen der Robben sehen aus wie Otter, und sie zeigen, dass diese vier Beine und einen langen Schwanz besaßen. Die Wissenschaft glaubt, dass Robben, bevor sie sich zu den schwimmenden Schönheiten entwickelten, die wir kennen, Schwimmfüße, ein kurzes Fell und ein Gebiss hatten, wie man es ähnlich bei Hunden findet.

(4) *Kaiserpinguin*

Viele Pinguinarten wackeln und watscheln über das Eis und tauchen durch das kalte Wasser. Kaiserpinguine sind mit über 1 Meter Höhe die größte Art. Sie schmücken sich mit glänzenden schwarzen und weißen Federn und orangegelben Flecken am Kopf, am Hals und auf der Brust. Die Federn dienen den Pinguinen wahrscheinlich als Tarnung vor Feinden im dunklen, mit Eis bedeckten Wasser. Aber Wissenschaftler, die die Überreste eines urzeitlichen erwachsenen Pinguins untersuchten, der vor 36 Millionen Jahren gelebt hat, fanden heraus, dass seine Federn vor allem rotbraun und grau gewesen sein müssen – den Grund für die anderen Farben kennen wir noch nicht. Man entdeckte auch Fossilien von Pinguinen mit sehr langem Schnabel, den sie zum Aufspießen von Fischen benutzt haben könnten.

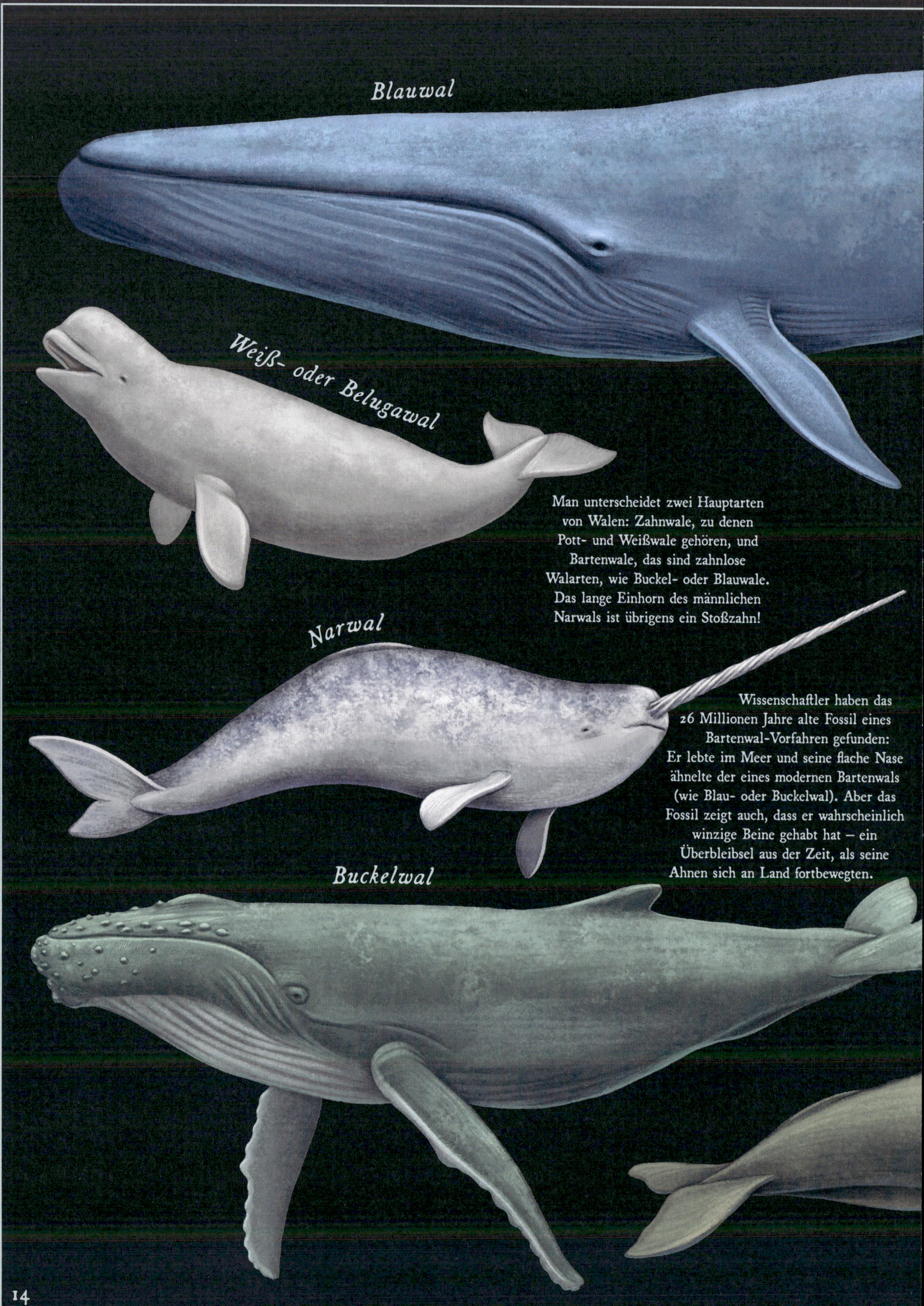

Man unterscheidet zwei Hauptarten von Walen: Zahnwale, zu denen Pott- und Weißwale gehören, und Bartenwale, das sind zahnlose Walarten, wie Buckel- oder Blauwale. Das lange Einhorn des männlichen Narwals ist übrigens ein Stoßzahn!

Wissenschaftler haben das 26 Millionen Jahre alte Fossil eines Bartenwal-Vorfahren gefunden: Er lebte im Meer und seine flache Nase ähnelte der eines modernen Bartenwals (wie Blau- oder Buckelwal). Aber das Fossil zeigt auch, dass er wahrscheinlich winzige Beine gehabt hat – ein Überbleibsel aus der Zeit, als seine Ahnen sich an Land fortbewegten.

Wale

Wale sind die größten Tiere der Ozeane und sie hüten ein ebenso großes Geheimnis über ihre Vergangenheit. Ihre Geschichte ist so geheim, dass bis heute keiner genau weiß, wie sie vom Land ins Meer gewandert sind. Man weiß nur, dass sie es getan haben. Vermutlich ganz langsam. Anfangs lebten sie wahrscheinlich sowohl an Land als auch im Süßwasser, bis sie sich schließlich hinaus in den großen blauen Ozean gewagt haben.

Ihre Körper veränderten sich, damit sie besser für das Leben im Wasser gerüstet waren. Mit der Zeit wurden sie größer und größer und schließlich zu den größten Tieren der Meere und sogar der Erde. Dieses Geheimnis haben Wissenschaftler anhand eines Ohrs herausgefunden …

Nachdem viele Jahre unklar war, woher Wale stammen, fand man das Fossil eines urzeitlichen Huftiers, das einem Hund ähnelte. Es wurde Pakicetus genannt. Viele Untersuchungen später stellte sich heraus, dass dieses urzeitliche Tier die gleiche Art von Ohren besaß, wie die Wale!

Und so löste die Erzählung vom Wal, der einst an Land gelebt hat, eines der größten Geheimnisse der Evolutionsgeschichte. In den Weltmeeren finden wir heute viele Walarten, aber *diese* großartigen Tiere leben entweder in eisigen Gewässern oder steuern sie auf ihren Walwanderungen an.

Pottwal

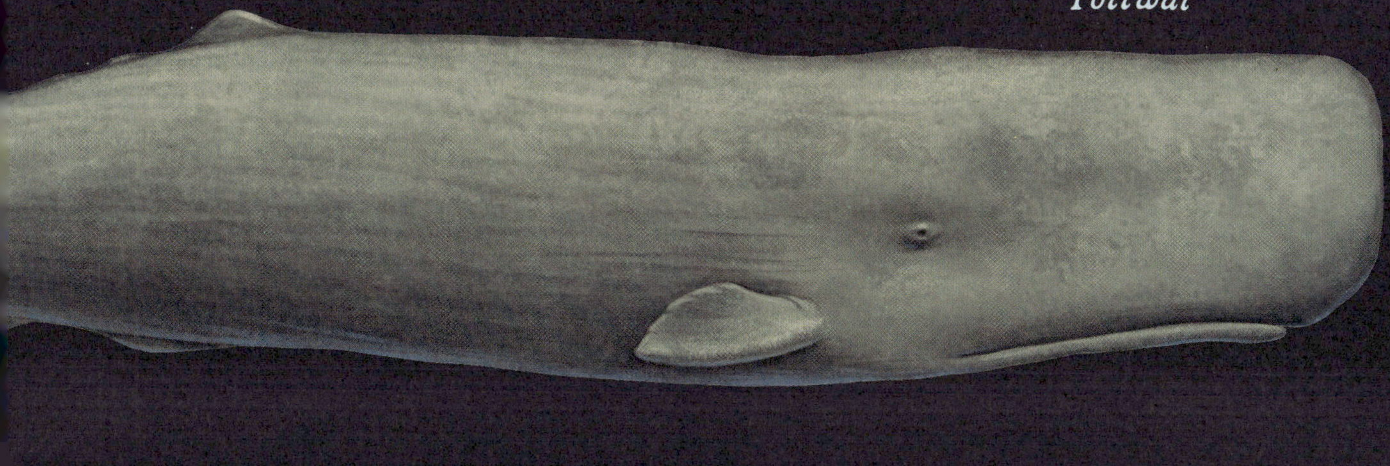

Geheimnisse im Wald

Unsere Wälder sind phänomenal. Ameisen in allen Farben hüten eine Geschichte, die so alt ist wie die Zeit selbst, Pilze schicken sich unterirdisch Nachrichten und Bäume bieten Millionen von geheimen Ökosystemen ein Zuhause. Bäume produzieren den Sauerstoff, den wir zum Atmen brauchen. Sie können auch unterirdisch Kohlendioxid einlagern, um daraus das herzustellen, was sie wiederum für neue Bäume benötigen – Wurzeln, Baumstämme und Triebe. Außerdem kommunizieren sie untereinander auf geheimen Wegen. Die Mutterpflanzen füttern ihre eigenen Setzlinge mit dem wichtigen unterirdischen Kohlenstoff, anstatt ihn an fremde Pflanzen abzugeben, während alte weise Bäume sich über ihre Wurzeln heimlich Botschaften zusenden. Wurzeln sind Pfade, über die chemische Stoffe weitergegeben und andere Bäume alarmiert werden können, wenn Gefahren oder Krankheiten drohen.

Die Wälder flüstern uns Geschichten der Vergangenheit zu. Vor Jahrmillionen sahen die Vorfahren uralter Bäume, wie Dinosaurier über den Waldboden stürmten und Pausen einlegten, um sich Blätter zu schnappen.

(1) *Pinie*

Pinien sind eine der ältesten Baumarten der Erde. Eichhörnchen und Vögel suchen in ihren Zapfen nach Nahrung. Aber vor Jahrmillionen wurden die Vorfahren der Pinien von urzeitlichen Tieren verspeist – Sauropoden mit langen Hälsen futterten die hohen Äste ab, während andere Dinosaurier die Nadeln knabberten, die auf den Boden gefallen waren. Mithilfe der Karbondatierung können wir bestimmen, wie alt ein Baumfossil ist, denn lebende Bäume nehmen Kohlendioxid aus der Luft auf. Wissenschaftler können dann messen, wie viel Kohlenstoff noch im Fossil enthalten ist – je weniger Kohlenstoff, desto älter ist das Fossil.

(2) *Nadelbaum*

Seit etwa 300 Millionen Jahren gibt es Nadelbäume auf der Erde. Im Zeitalter der Dinosaurier waren sie eine Nahrungsquelle für die stacheligen Stegosaurier. Dass die Bäume zur gleichen Zeit existiert haben wie die Dinosaurier, konnten Wissenschaftler anhand versteinerter Dinosaurierkacke feststellen. In einigen der seltenen fossilen Fundstücke von Dinosaurierkot hat man das zersetzte Holz von Nadelbäumen gefunden. Diese Fossilien geben auch über andere Bäume Aufschluss. Die Wissenschaft ist der Ansicht, dass Pflanzen angefangen haben, sich vor Dinosauriern zu schützen, weil sie oft von ihnen gefressen wurden – Pinien entwickelten Zapfen, um ihre Samen hinter einem sicheren Panzer zu verstecken.

(3) *Brotpalmfarn*

Stegosaurier und Sauropoden ernährten sich auch von Brotpalmfarnen. Aber diese Pflanzen erzählen auch von Isaberrysauriern, deren Kot voller Brotpalmfarnsamen war. Isaberrysaurier sahen zwar aus wie Stegosaurier, waren aber eine andere Saurierart. Sie mussten vorsichtig sein, damit sie von den Kernen der Brotpalmfarnsamen nicht krank wurden, denn diese sind hochgiftig. Die Wissenschaft leitet daraus ab, dass ihr Körper einen Weg gefunden hat, mit dem Gift klarzukommen.

(4) *Baumfarn*

Die prachtvollen Baumfarne mit ihren gebogenen Farnwedeln und dicken Stämmen können eine erstaunliche Geschichte erzählen. Pflanzen und Bäume nehmen Kohlendioxid auf, wandeln es in Sauerstoff um und geben diesen wieder in die Luft ab. Wissenschaftler glauben, dass die Vorfahren der Farne die ersten großen Landpflanzen waren, die diesen Prozess anwandten – und damit dazu beitrugen, den Sauerstoff zu produzieren, den die Dinosaurier und andere Urzeittiere für ihre Entwicklung benötigten. Man glaubt auch, dass Pflanzen aus der Familie der Farne, einige Millionen Jahre nach den Dinosauriern, so viel Kohlendioxid aufgenommen haben, dass sie dabei halfen, die Erdtemperatur – die zu dieser Zeit viel höher war als heute – abzukühlen.

(1) *Krokodil*

Krokodile werden oft als „lebende Fossilien“ bezeichnet, denn sie sind eine der wenigen Tierarten, die sich in 80 Millionen Jahren kaum verändert haben. Ihre Vorfahren reichen in die Zeit zurück, in der die Dinosaurier die Erde bevölkerten. Die grimmigen Räuber passten sich an, um in unterschiedlichen Lebensräumen und trotz zahlreicher Gefahren überleben zu können. Heutige Krokodile, wie das Nilkrokodil oder das Leistenkrokodil, haben einen so kräftigen Kiefer wie kaum ein anderes Tier, und das ist eines der Geheimnisse für ihr erfolgreiches Überleben. Wenn du so kräftig zubeißen kannst, ist es leicht, Nahrung zu fangen, ohne dass du dich über die Zeit besonders weiterentwickeln musst.

(2) *Waldsalamander*

Die etwa 15 Zentimeter langen Waldsalamander sind begnadete Baumkletterer. Die kleinen Tiere hüten ein großes Geheimnis: Sie sind Nachfahren der mächtigen Metoposaurier, die ungefähr so groß wie ein Auto waren. Diese lungerten am Wasser herum und verspeisten die allerersten Dinosaurier, ehe sie im Laufe der Zeit schrumpften und aus ihnen die kleinen Lebewesen wurden, die heute in den Bäumen faulenzen.

(3) *Rot-Weißes Riesengleithörnchen*

Gleithörnchen werden auch Flughörnchen genannt, obwohl sie nicht fliegen können. Mit den Gleithäuten zwischen den Vorder- und Hinterbeinen, die sie wie einen Gleitschirm nutzen, bewegen sie sich von Baum zu Baum. Diese Art wurde erst vor Kurzem entdeckt! Wissenschaftler glauben nicht, dass sich Gleithörnchen im Laufe von Abermillionen Jahren besonders verändert haben. Sorgfältig hüten sie die noch zu erforschenden Geheimnisse ihrer Ahnen. Da diese Vorfahren zu einer Zeit lebten, als Elefanten noch vier Stoßzähne hatten (doppelt so viele wie die heutigen Elefanten), macht sie das ziemlich außergewöhnlich!

(4) *Waldschildkröte*

Diese Schildkröten sind bekannt für ihre wunderschönen Panzer, die wie fein gemasertes Holz aussehen. Schildkröten benötigen ihre Panzer als Behausung und Schutz. Aber vor langer Zeit besaßen sie noch keinen Panzer und ähnelten eher Echsen. Im Laufe der Zeit entwickelten sie Hornschilde, diese halfen ihnen, in der Erde und im Sand zu graben. Die heutigen Schildkröten graben mit ihren Beinen und nutzen ihren Panzer, um sich darin zu verstecken.

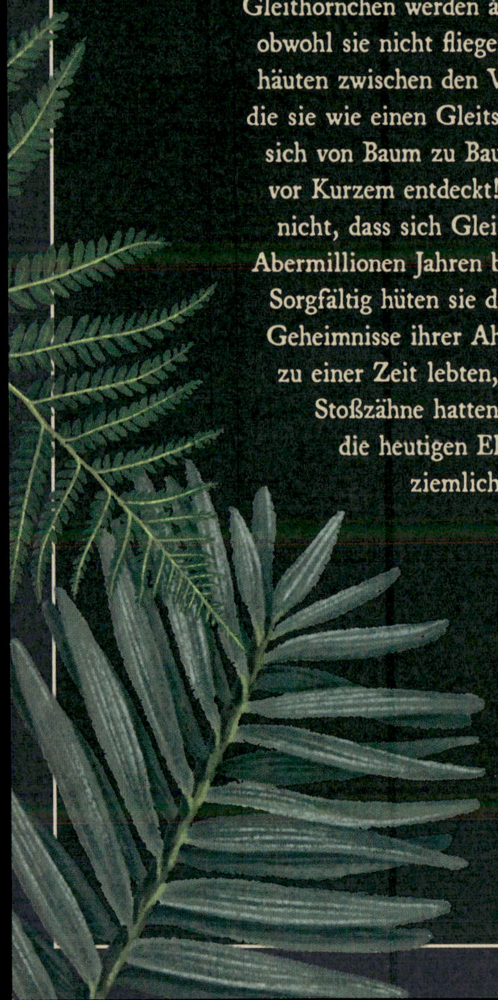

(1)
(2)
(3)
(4)

Dinosaurier-Ameisen

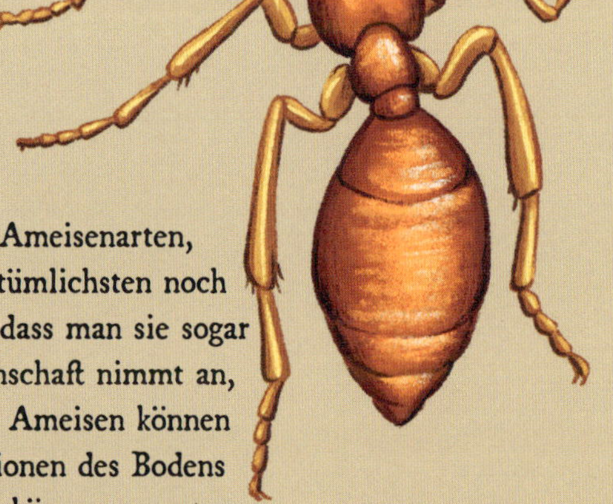

Heute kennt man über 12.000 verschiedene Ameisenarten, aber die Dinosaurier-Ameisen sind eine der urtümlichsten noch lebenden Tierarten. Sie sind so unglaublich alt, dass man sie sogar nach den Dinosauriern benannt hat. Die Wissenschaft nimmt an, dass die Ameisen von den Wespen abstammen. Ameisen können mit ihren Füßen hören, sie nehmen die Vibrationen des Bodens wahr. Um Dinosauriern aus dem Weg gehen zu können, mussten sie das Stampfen in ihrer Nähe hören. Das ist möglicherweise auch der Grund dafür, dass die Fossilien einiger Riesenameisen Flügel hatten – damit sie entkommen konnten!

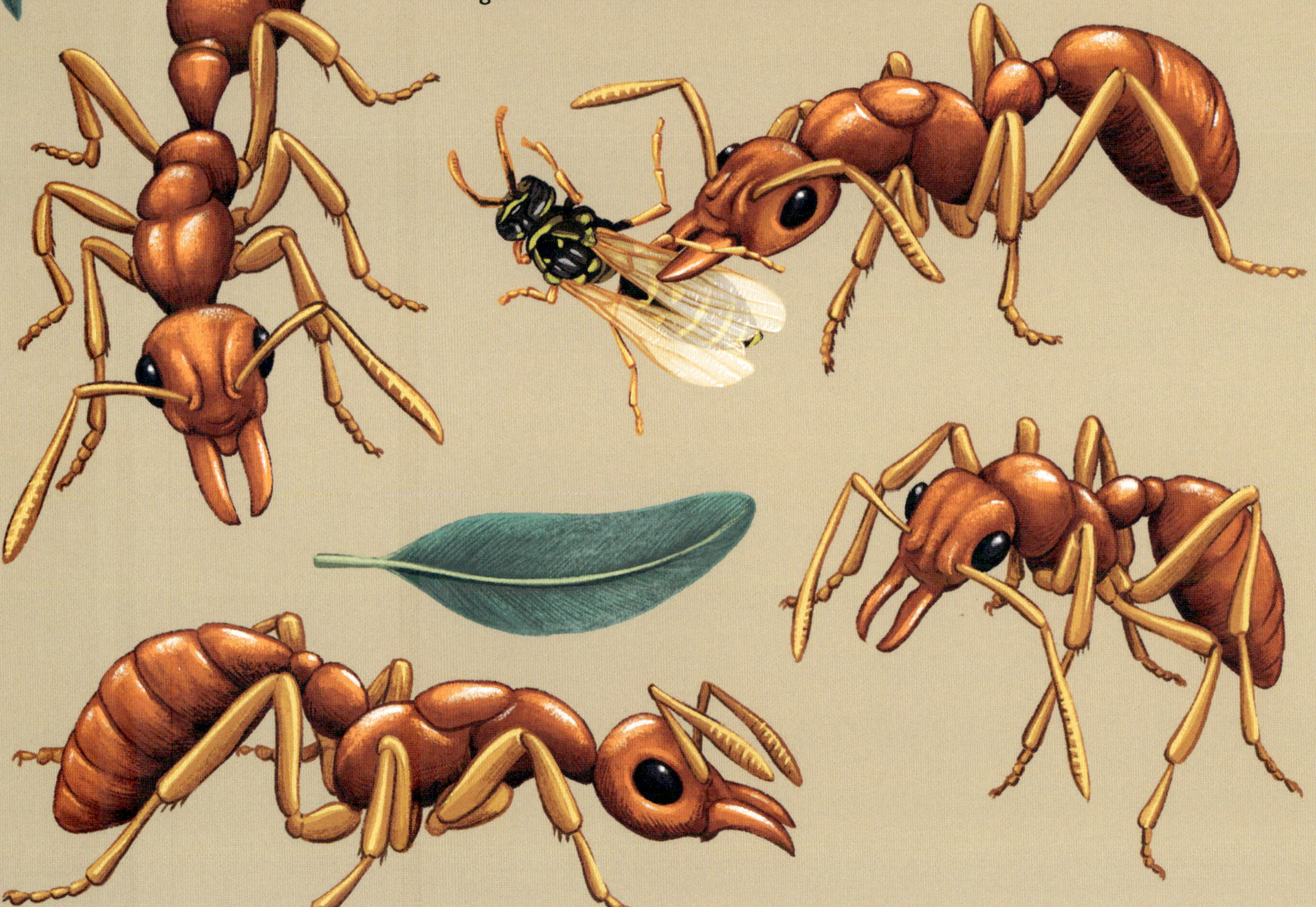

Pilze

Diese pflanzenähnlichen Organismen findet man überall. Etwa 150.000 verschiedene Arten von Pilzen wurden katalogisiert, aber vermutlich existieren noch Millionen mehr. Viele Pilzarten findet man in Wäldern, weil sie mit Bäumen in Symbiose leben und sich gegenseitig helfen. Pilzfäden, auch Hyphen genannt, können unterirdisch Wasser und Nährstoffe über weite Entfernungen zu Bäumen und Pflanzen transportieren, die sie benötigen. Einst gab es sogar eine Pilzart, die einem Baumstamm ähnelte! Die Wissenschaft glaubt, dass diese Art unter der Erde oder auf dem Boden einer wüstenähnlichen Landschaft gewachsen sein könnte.

Geheimnisse im Dschungel

Affen keckern, Elefanten streifen umher und Leoparden dösen in der beeindruckenden Welt der tropischen Wälder und Dschungel. Aber jedes Jahr werden gigantische Waldflächen im Dschungel gerodet und so die Heimat unzähliger Tiere zerstört. Damit verlieren wir unwiederbringlich einen Ort, der uns so viel über die Vergangenheit erzählen kann.
Vor langer Zeit, als ein Klima herrschte, in dem sich Dinosaurier und Urzeittiere wohlfühlten, erstreckten sich tropische Regenwälder sogar bis zum eisigen Südpol. Heute bieten die Regenwälder der Hälfte aller Tierarten ein Zuhause, und sie sind voller Geheimnisse und Geschichten, auch über unsere nächsten Verwandten, die Menschenaffen.

(1) *Katta*

Kattas, die zu den Lemuren gehören, springen in tropischen Regenwäldern von Baum zu Baum. Sie haben eine außergewöhnliche geheime Verbindung ... mit *dir!* Die Forschung glaubt, dass die ersten Primaten, die auf der Erde gelebt haben, zur Familie der Lemuren gehörten. Und weil wir Menschen von einer Primatenart abstammen, meinen manche Wissenschaftler, dass wir entfernte Verwandte der Lemuren sind. Heute leben Kattas nur noch in den tropischen Wäldern der afrikanischen Insel Madagaskar. Man nimmt an, dass sie vor Millionen von Jahren auf Flößen, die sie aus Pflanzen gebaut haben, vom Festland Afrikas dorthin getrieben wurden.

(2) *Orang-Utan*

Diese wunderschönen orangen Affen leben, anders als ihr Vorfahre, der Sivapithecus, am liebsten in den Bäumen. Wissenschaftler sind der Ansicht, dass sich der Sivapithecus mehr am Boden aufgehalten hat. Orang-Utans halten ihren Nachwuchs eng an ihrem Körper und haben einen Haaransatz wie wir Menschen – das könnte daran liegen, dass die pelzigen Tiere zu unserem Stammbaum gehören! Tatsächlich haben Forscher herausgefunden, dass die DNA von Mensch und Orang-Utan zu 97 Prozent identisch ist.

(3) *Pfauenspinne*

Die auffällige Pfauenspinne ist im Dschungel beheimatet und eine von etwa 50.000 Spinnenarten, die auf unserem Planeten leben. Als Forscher versuchten, den Geheimnissen der Spinnen auf die Spur zu kommen, entdeckten sie das Fossil eines urzeitlichen Verwandten der Spinne, der einen peitschenartigen Schwanz besaß. Die Spinne setzte den Schwanz vermutlich als Sensor ein, um ihre Umgebung abzutasten. Wir entdecken heute immer wieder neue Tierarten, vielleicht finden wir eines Tages eine *lebende* Spinne mit einem Schwanz!

(4) *Elefant*

Wusstest du, dass der Fußabdruck eines Elefanten uns dabei helfen kann, Geheimnisse der Vergangenheit aufzudecken? Fossile Fußabdrücke von urzeitlichen Tieren können uns verraten, wo das Tier unterwegs war und ob es alleine oder in einer Gruppe umhergezogen ist. Elefanten leben in Herden, daher finden wir normalerweise viele Fußspuren auf einmal. Wenn Wissenschaftler nicht weit voneinander entfernt viele Dinosaurierfußabdrücke entdecken, wie bei den Hadrosauriern, wissen sie, dass diese ebenfalls in Herden unterwegs waren. Ist dies bekannt, vergleicht die Forschung sie mit heutigen Herdentieren, um Anhaltspunkte zu erhalten, wie sich diese Dinosaurier verhalten haben mochten. Elefanten bleiben zusammen, weil sie in der Gruppe sicherer sind – vielleicht ging es den Dinosauriern genauso.

Frösche

Es gab eine Zeit, als die Urzeitverwandten dieser seltsamen kleinen Lebewesen so groß wie Alligatoren waren und so tödlich wie Krokodile – Wissenschaftler haben sogar urzeitliche froschtypische Fossilien in der Größe von Autos gefunden! Der Grund dafür ist, dass Frösche und Salamander den gleichen in Sumpfgebieten lebenden und dinosaurierfressenden Ahnen haben – den Metoposaurus (siehe S. 18). Man fand Froschfossilien aus der späten Dinosaurierzeit, die nur noch so groß wie Wasserbälle waren, aber man entdeckte auch im Baumharz winzig kleine froschähnliche Kreaturen, die zur gleichen Zeit wie die Dinosaurier gelebt haben.

Wir sind immer noch dabei, die fantastische Urgeschichte der Frösche Stück für Stück zusammenzusetzen, aber über eines scheint sich die Wissenschaft einig zu sein – das, was mit den Fröschen nach den Dinosauriern passierte. Der Asteroid, der für das Aussterben der Dinosaurier verantwortlich war, ermöglichte den Fröschen eine Blütezeit. Nahezu alle Vorfahren der verschiedenen Froscharten, die wir heute kennen, scheinen sich in der Zeit entwickelt zu haben, die auf das Aussterben der Dinosaurier folgte. Forscher nennen diese Epoche den „Aufstieg der Frösche".

Die heutigen vielfarbigen Frösche haben ebenfalls ein Geheimnis – um sich vor Feinden zu schützen oder Beute zu fangen, entwickelten sie ganz unterschiedliche Kopfformen. Der Gehörnte Laubfrosch verbirgt Hornstacheln in seinem Kopf, der Panzerkopf-Laubfrosch benutzt seinen Kopf als Schild und der Schaufelköpfige Baumfrosch speichert Gift in seinem Schädel, mit dem er sich gegen Fressfeinde wehrt.

Schaufelköpfiger Baumfrosch
Rotaugen-
laubfrosch
Neuguinea-Riesenlaubfrosch
Glasfrosch
Gelbe
Sattelkröte
Tomatenfrosch
Blauer Baumsteiger

Königstiger und Sumatra-Tiger sind große Dschungelkatzen. Beide sind vom Aussterben bedroht.

Jaguare leben im Amazonas-Regenwald und in den angrenzenden Feuchtgebieten.

Jaguar

Raubkatzen

Die Zeichnung ihres Fells – Streifen und Flecken – dient den Raubkatzen dazu, sich in ihrer Umgebung zu tarnen und unbemerkt ihre Beute zu verfolgen. Wissenschaftler haben herausgefunden, dass diese Prachtexemplare nicht immer Streifen und Flecken hatten. Unglaublich! Diese haben sich erst im Laufe der Zeit entwickelt, als sich die Raubkatzen an unterschiedliche Umgebungen anpassten, zum Beispiel an den Dschungel, in dem die hier gezeigten Tiere zu Hause sind. Heute nutzen Leoparden, Jaguare und Ozelots, die auf verschiedenen Kontinenten leben, ihre Zeichnung, um in den Ästen der Bäume unsichtbar zu werden. Die Streifen des Tigers sind perfekt, um ihn in schattigen Wäldern und im hohen Gras zu schützen, während der dunkle Mantel des schwarzen Panthers ihn bei der nächtlichen Jagd eins mit der Dunkelheit werden lässt.

Tarntiere können uns sogar die Geheimnisse *anderer* Tiere aus der Urzeit erzählen. In Fossilien von Dinosauriern haben Forscher Farbpigmente gefunden. Aber da noch niemand einen lebendigen Dino gesehen hat, können wir nicht sicher sein, wie sie ganz genau ausgesehen haben! Daher nutzt die Wissenschaft Tiere, die heute existieren, als Stellvertreter (als etwas, das etwas anderes repräsentiert). Wenn sie das Fossil eines Dinosauriers finden, wenden sie spezielle Methoden an, um sich ein Bild vom Habitat des Tieres vor Millionen von Jahren zu machen. Anschließend stellen sie sich die Frage, ob der Dinosaurier in dieser Umgebung eine Tarnung gebraucht hat. Existierende Tiere aus ähnlichen Lebensräumen dienen als Beispiel dafür, wie Dinosaurier ausgesehen oder wie sie sich verhalten haben könnten.

Leoparden leben im Dschungel in West- und Zentralafrika, aber auch im Grasland, in den Wüsten und Savannen Indiens und Asiens.

Leopard

Geheimnisse der Berge

Gewaltige Gebirge erstrecken sich über unsere erstaunliche Erde und ragen wie Leitern in die Wolken. Aber Berge erheben sich nicht nur über der Erdoberfläche. Während die Gipfel vieler Berge schneebedeckt sind, blubbert in den Vulkanen (die zu den Bergen zählen) heiße Lava, die tief aus dem Erdinneren kommt, und selbst unter Wasser gibt es Erhebungen. Berge geben vielen verschiedenen Lebewesen eine Heimat, von riesigen Braunbären bis zu mikroskopisch kleinen Bärtierchen. Sie bieten ganz unterschiedliche Lebensräume – eisige Gipfel, gebirgige Wüsten oder Vulkangestein. Entstanden sind alle Berge aus der Erdkruste unseres urzeitlichen Planeten ...

(1)

(2)

(1) *Mount Everest*

Der Mount Everest ist mit einer Höhe von 8849 Metern über dem Meeresspiegel der höchste Berg der Welt. Aber dieser hohe Gipfel birgt auch ein großes Geheimnis: Er bildete einst den Boden eines Meeres! Das fanden Wissenschaftler heraus, als sie Gesteinsproben vom Gipfel des Mount Everest nahmen und darin marinen Kalkstein und Fossilien aus dem urzeitlichen Ozean entdeckten. Das bedeutet, dass das Felsgestein des Berges irgendwann einmal von Wasser bedeckt gewesen sein muss.

(2) *Kalkstein*

Mariner Kalkstein ist eine Gesteinsart, die sich aus Schichten winziger Muscheln, Skelette, Pflanzenmaterial und Schlamm bildet. Mit der Zeit werden die Schichten durch das Salzwasser zusammengepresst und härten zu Gestein aus. Die Kalksteinproben, die man am Gipfel (am höchsten Punkt) des Mount Everest gefunden hat, enthielten Fossilien von urzeitlichen Meerestieren und -pflanzen, die vor 100 Millionen Jahren, vermutlich im Flachwasser, gelebt haben.

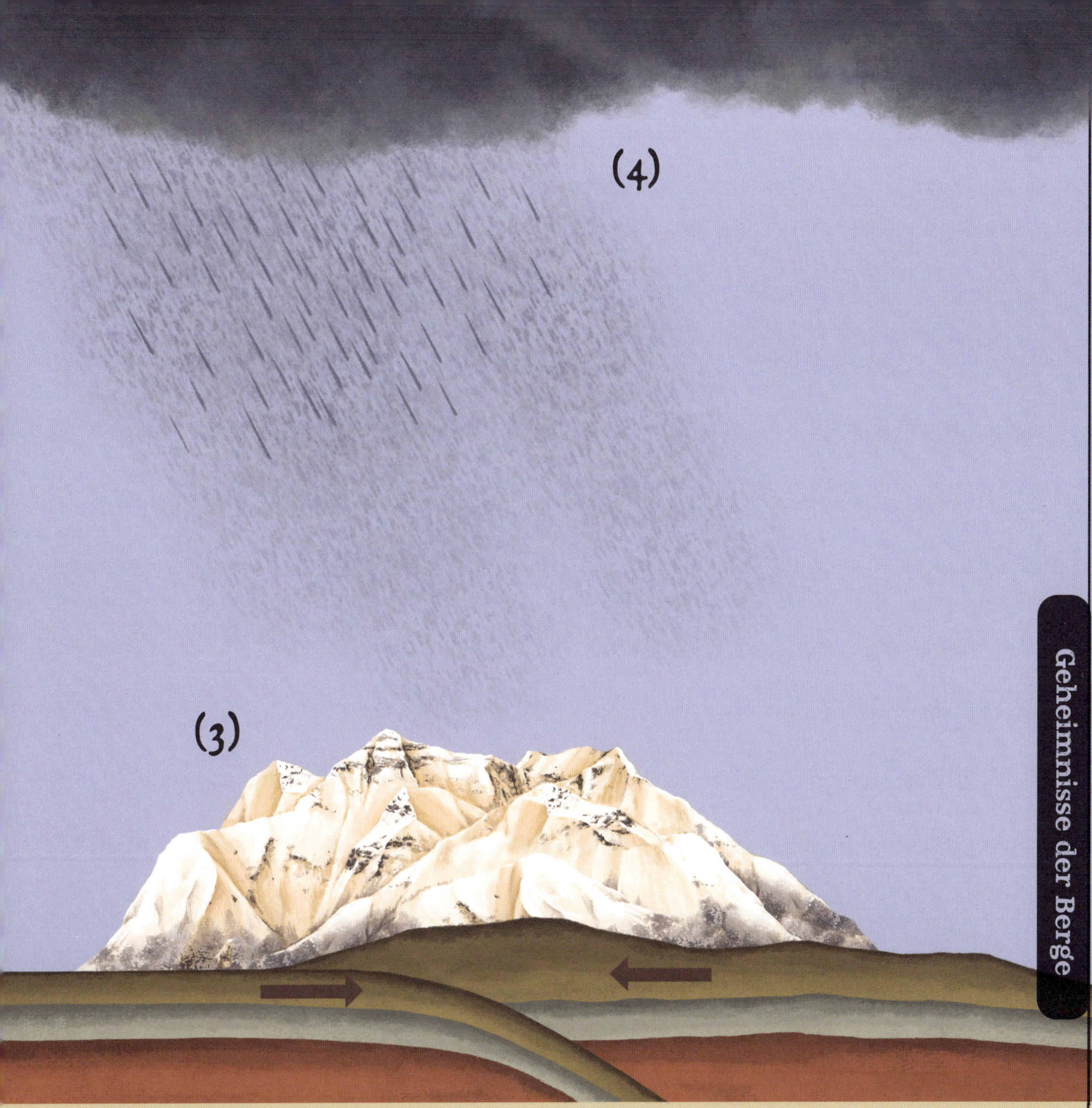

(3) *Wie Berge entstehen*

Mithilfe der Funde des marinen Gipfelkalksteins setzten Wissenschaftler das Puzzle zusammen, wie Berge möglicherweise entstanden sind. Die Erdkruste (die oberste Schicht der Erde) zerbrach in sogenannte Erdplatten. Diese Platten kollidieren manchmal miteinander, dabei schieben sich an der Erdoberfläche Berge auf. Der Mount Everest hat sich vermutlich aufgetürmt, als ein Stück von seiner Erdplatte abbrach und mit Asien zusammenstieß. Der Aufprall schob die Landmassen in die Höhe und schuf die Bergkette des Himalaya, zu der der Mount Everest gehört. Die beiden Erdplatten prallen auch heute noch aufeinander, dadurch wird der Mount Everest tatsächlich jedes Jahr ein bisschen höher!

(4) *Wetter*

Die Berge können noch eine weitere geheime Geschichte erzählen – sie haben Einfluss auf das Wetter. Luft, die über den Bergen aufsteigt, kühlt sich ab und dadurch bilden sich auf einer Seite der Bergkette Wolken und Regen. Auf der anderen Seite strömt trockene Luft in die Niederungen und erzeugt einen extrem trockenen „Regenschatten". Die Berge halten den Regen von dieser Seite fern, und durch den Regenmangel können sogar Wüsten entstehen!

(1) *Baumstachelschwein*

Diese Tiere, die Nadeln von Nadelbäumen knabbern, leben in bewaldeten Gegenden, wie man sie oft im Gebirge findet. Das Baumstachelschwein ist das größte aller Stachelschweine und hat etwa 30.000 spitze Stacheln. Es verbringt die meiste Zeit in den Bäumen und ernährt sich von Rinde, Zweigen, Früchten und Blättern. Stachelschweine stammen von urzeitlichen Nagetieren ab, die noch keine Stacheln besaßen. Ihre Geheimwaffe waren steife Haare, aus denen sich über die Zeit spitze Stacheln entwickelten, mit denen sie sich schützen.

(2) *Alpine Gebirgsschrecke*

Diese Insekten besitzen Ohren am Bauch, mit denen sie die Laute anderer Grashüpfer hören können. Man findet sie in den verschiedensten Lebensräumen, auch im Gebirge und auf allen Kontinenten, außer in der Antarktis. Aber die Wissenschaft nimmt an, dass Grashüpfer vor Jahrmillionen, nachdem sie sich aus ihren urzeitlichen Vorfahren entwickelt hatten, nur an einem Ort zu Hause waren – in Südamerika. Von dort „hüpften" sie irgendwie nach Afrika, das zu dieser Zeit von tropischen Regenwäldern bedeckt war, obwohl damals bereits ein Meer zwischen den beiden Kontinenten lag! (Afrika und Südamerika waren früher einmal Teile eines einzigen Superkontinents namens Gondwana.)

(3) *Bärtierchen*

Gibt es zähere Lebewesen als Bärtierchen? Diese winzigen achtfüßigen Tiere nennt man auch Tardigrade oder Wasserbären. Sie können sich erstaunlich gut anpassen und in fast allen Lebensräumen der Erde überleben, auch im Hochgebirge oder in den Vulkanschloten der Ozeane. Sie können bis zu 30 Jahre ohne Nahrung oder Wasser überleben und ihre Körper produzieren eine Art Frostschutzmittel, das sie in unwirtlicher Umwelt schützt. Wissenschaftler glauben, dass ihre geheime Geschichte über 500 Millionen Jahre zurückreicht, aber weil sich ihre Körper so schnell zersetzen, ist es fast unmöglich, ein Fossil zu finden. Bislang hat man überhaupt nur drei entdeckt, das älteste der Fundstücke ist 16 Millionen Jahre alt.

(4) *Braunbär*

Ausgewachsene Braunbären gehören zu den größten Tieren der Erde. Kaum ein anderes Tier kann kräftiger zubeißen als sie! Junge Braunbären können auf Bäume klettern – so ähnlich wie ihre Vorfahren aus der Familie der Miacis, die auch als Vorläufer von Hunden und Katzen gelten. Miacis hatten einen langen Schwanz wie Affen und wieselten die Bäume hoch und runter. Mit der Zeit verloren die Bären ihren Schwanz, weil sie ihn nicht mehr brauchten. Ein Schwanz hilft dem Tier, die Balance zu halten und geschickt die Richtung zu ändern, daher war er für die kleineren Vorfahren, die rennen und klettern mussten, um ihren größeren Fressfeinden zu entkommen, nützlicher als für Bären.

(1)

(2)

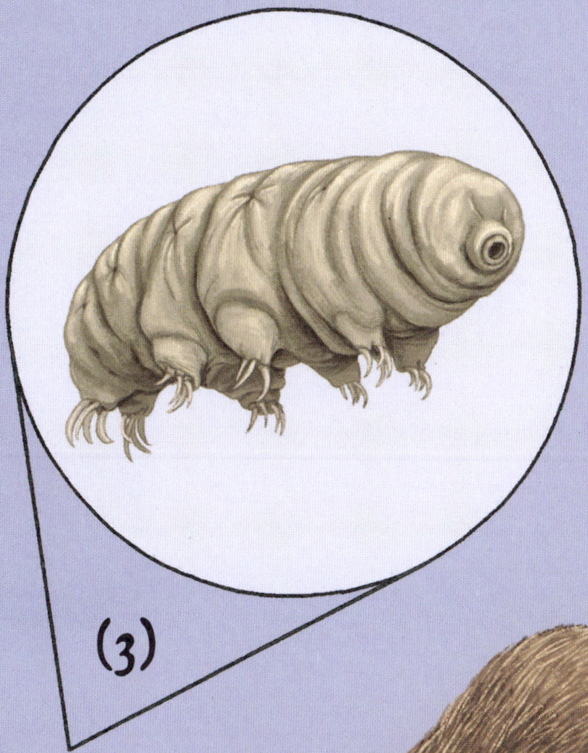

(3)

(4)

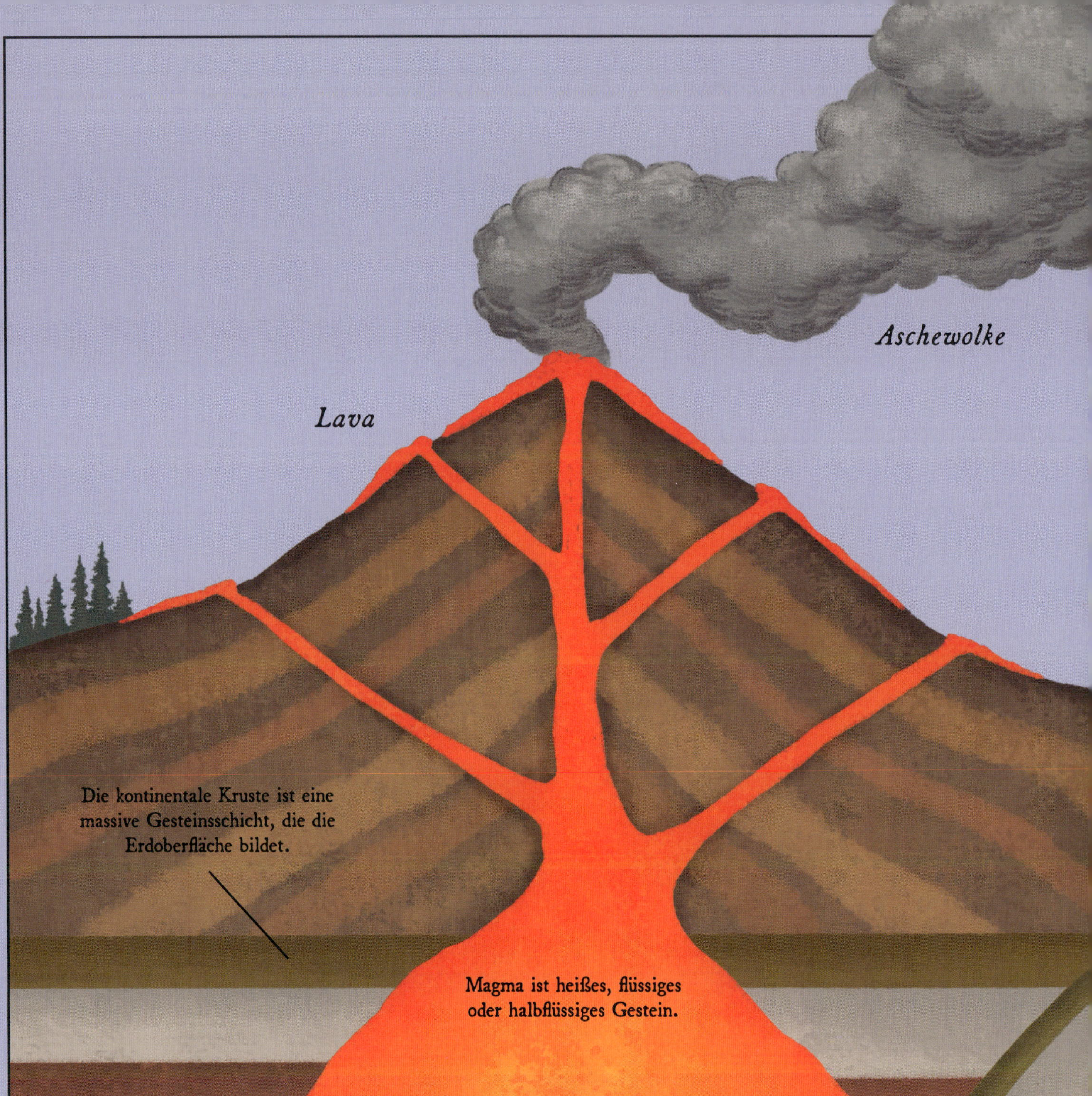

Vulkane

Auch Vulkane sind Berge, und Vulkanausbrüche gibt es schon seit der Entstehung der Erde vor Milliarden Jahren. Die Wissenschaft nimmt an, dass im Zeitalter der Dinosaurier massive Vulkanausbrüche stattgefunden haben. Diese Eruptionen setzten große Mengen an Kohlendioxid frei, wodurch sich das Klima änderte – es wurde feucht und heiß. Die Dinosaurier konnten sich *noch besser* weiterentwickeln, während andere Tierarten ausstarben.

Vulkanausbrüche waren immer auch Teil der Menschheitsgeschichte, ganze Städte verschwanden unter den Lavaströmen. Später wurden diese Städte – eingefroren im Augenblick – ausgegraben. Einer dieser Vulkane ist der Vesuv in Italien, der, als er ausbrach, die römische Stadt Pompeji unter sich begrub. Seit man Pompeji entdeckt hat, wissen wir viel mehr darüber, wie die alten Römer lebten.

Unterwasservulkane

Unfassbar, dass sich etwas, das so groß und mächtig ist wie ein Vulkan, verstecken kann – aber, ob du es glaubst oder nicht, es gibt Vulkane, die im Verborgenen unter dem Meeresspiegel lauern. Auch sie hüten riesige Geheimnisse, denn wenn sie ausbrechen, können sie neue Inseln entstehen lassen! Der Mauna Kea ist einer der 15 Vulkane, durch deren Ausbruch die acht Inseln von Hawaii entstanden sind. Es ist schon 70 Millionen Jahre her, dass das Magma durch die Wasseroberfläche gestoßen ist, an der Luft abkühlte und die Inseln formte. Der Mauna Kea ist sogar höher als der Mount Everest. Er ist so groß, dass er vom Meeresboden bis auf eine Höhe von 4000 Metern über dem Meeresspiegel in den Himmel ragt.

Geheimnisse am Himmel

Eine wunderbare Welt existiert in der Luft, die uns umgibt. Eigentümliche Wolken sorgen für das Wasser, das wir zum Leben benötigen, Schmetterlinge und Bienen flattern und schwirren von Stängeln zu Blüten und die Vögel, die am Himmel segeln, hüten das Geheimnis, dass sie von den Dinosauriern abstammen.

Warum ist der Himmel so herrlich blau? Das ist ein weiteres Geheimnis, das du gleich erfahren wirst: Das Licht (das eigentlich aus allen Farben des Regenbogens besteht) bricht, wenn es auf die Gase und Partikel trifft, die in der Erdatmosphäre sind. Das Blau wird dabei stärker gestreut als die anderen Farben. Aber vor Milliarden von Jahren existierten weder die Erdatmosphäre, wie wir sie heute kennen, noch der Himmel ...

(2)

(1)

(1) *Sonnenlicht*

Die Sonne, der Stern, der der Erde am nächsten ist, birgt eine besonders spektakuläre Geschichte – eine, die erklärt, warum unser Planet überhaupt existiert. Die Sonne hat die Erde geschaffen. Bevor unser Sonnensystem entstanden ist, zog die Schwerkraft der Sonne Brocken von Materie an. Aus diesen formten sich alle Planeten der Sonne, auch die Erde. Die meisten Lebewesen auf der Erde benötigen Sonnenlicht zum Überleben. Es sorgt für Wärme, Energie und Licht, die wir nicht aus anderen Quellen bekommen können.

(2) *Wolken*

Wolken bilden sich, wenn die Sonne Wasser aufheizt. Vor Jahrmilliarden, als die Erde entstand, gab es kein Wasser auf unserem Planeten – es war zu heiß! Wolken, wie wir sie kennen, existierten nicht. Das wissen wir, weil Wasser die Voraussetzung ist, damit eine Wolke entsteht, auch wenn Wolken selbst Wasser produzieren (Wasserdampf steigt aus den Meeren und Seen auf und kühlt ab. Winzige Wassertröpfchen sammeln sich zu Wolken zusammen und bilden schwere Regentropfen, die schließlich abregnen). Dank dieses „Wasserkreislaufs" ziehen ganz unterschiedliche Wolkengebilde über den Himmel, von aufgebauschten Kumuluswolken über heiße Hurrikanwolken bis zu dunstigem Bodennebel.

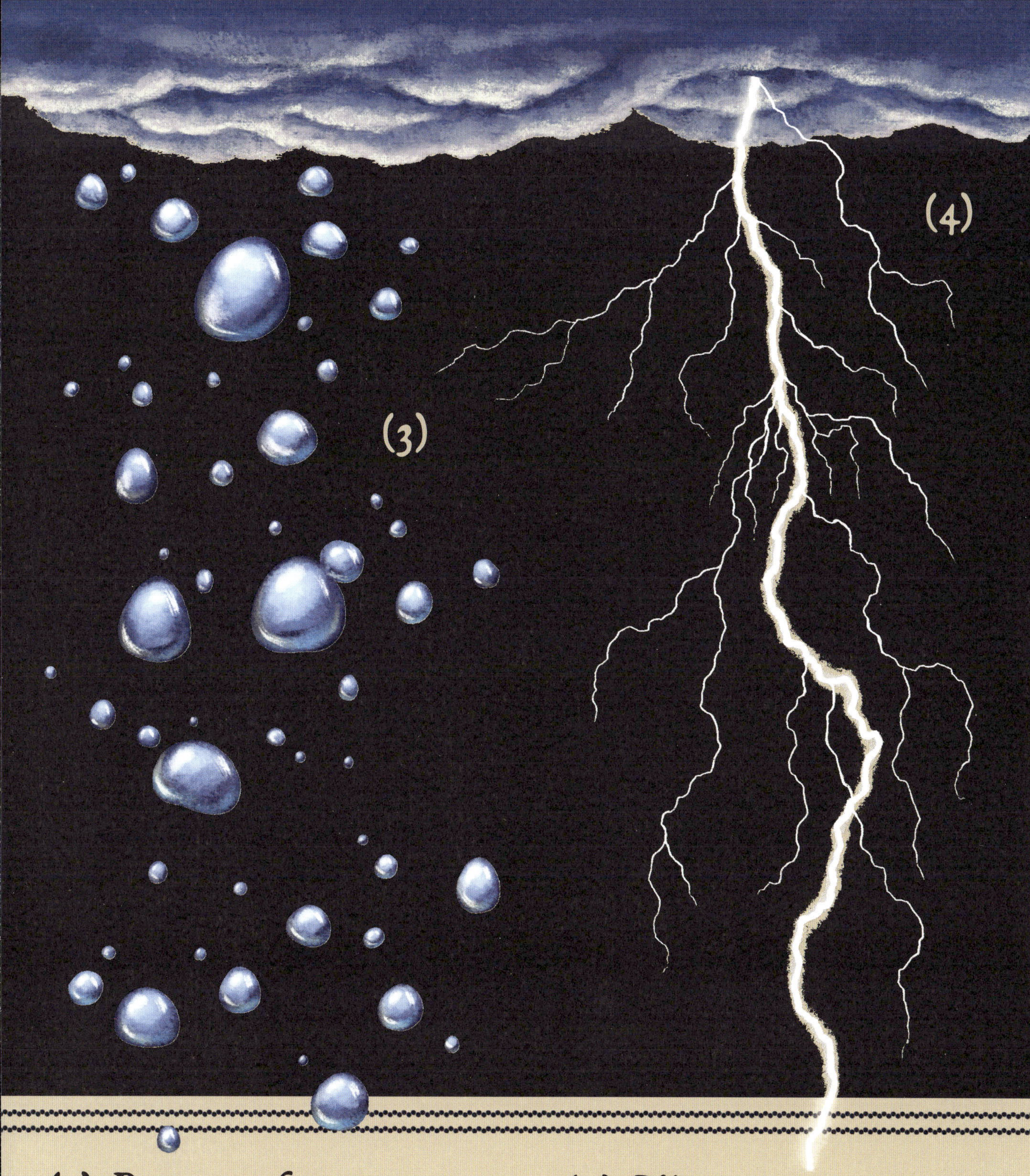

(3) *Regentropfen*

Selbst ein Regentropfen kann uns Geschichten von der Natur erzählen. Regentropfen bilden sich in den Wolken. Wenn sie sich lösen, haben sie noch nicht die typische Tränenform – sie entsteht, während die Tropfen immer schneller zu Boden fallen. Aber noch erstaunlicher ist ihre geheime Geschichte. Viele Wissenschaftler glauben, dass es in der Urzeit einmal 2 Millionen Jahre lang durchgeregnet hat, dass diese Regenzeit durch einen massiven Vulkanausbruch ausgelöst wurde und dass der viele Regen die Evolution der Dinosaurier begünstigte.

(4) *Blitz*

Gewitter, die mit ihren Blitzen den Himmel erleuchten, sind ein außergewöhnliches Spektakel. Aber noch faszinierender sind versteinerte Blitze. Wenn ein Blitz in Sand einschlägt, entsteht ein Fulgurit, ein fossiles Gesteinsröhrchen. Diese Fossilien zeigen uns, wann in der Vergangenheit unseres Planeten Gewitter getobt haben und welches Wetter zu dieser Zeit herrschte. Damit ein Gewitter entsteht, muss die Lufttemperatur sehr hoch sein. Wenn Wissenschaftler bestimmen können, wie alt ein Fossil ist, können sie sich also auch eine Vorstellung davon machen, wie heiß es zu dieser Zeit gewesen sein muss.

Tukan

Stockente

Vögel

Schau hinauf in den Himmel – es wird nicht lange dauern, bis du einen Vogel entdeckst, der durch die Luft gleitet, sich herabfallen lässt und nach Futter schnappt. Er bewahrt eines der allergrößten Geheimnisse der Tiergeschichte.

Denn die wunderschönen Vögel, die heute unsere Lüfte bevölkern, sind tatsächlich Nachfahren der Dinosaurier. Dieses Geheimnis wurde nach und nach entschlüsselt, als Wissenschaftler das Fossil eines urzeitlichen gefiederten Tieres fanden, das sie Archaeopteryx nannten. Es hatte die Größe eines Huhns, die Zähne und den Schwanz eines Dinosauriers, aber auch prächtige vogelähnliche Flügel. Als Forscher sich näher mit einer Dinosauriergruppe beschäftigten, die man Theropoden nennt, stellten sie fest, dass die meisten von ihnen – einschließlich des superschnellen Velociraptor – Federn besaßen. Wir wissen das, weil man in den versteinerten Knochen Überreste von Federkielen (einem Teil von Federn) gefunden hat. Der Velociraptor hatte außerdem Krallen wie ein Raubvogel!

Die Wissenschaft ist der Ansicht, dass die Dinosaurier und andere urzeitliche Tiere ab dem Moment, als sie Federn entwickelten, an Größe verloren und sich dann – im Laufe von Millionen von Jahren – zu den unzähligen Vogelarten wandelten, die heute durch die Luft fliegen. Und so kam es, dass die Nachkommen von einigen der furchterregendsten Lebewesen der Erde keine gigantischen Zähne oder peitschenähnlichen Schwänze mehr haben und gar nicht angsteinflößend sind (mal abgesehen vom Sekretär, der mit seinen kräftigen Fußtritten Schlangen töten kann).

Rabe

Sekretär

Zaunkönig

Fischadler
Reiher
Blauhäher
Rotkehlchen
Möwe
Eule
Kolibri
Specht
Taube

(1) *Libelle*

Über 5000 unterschiedliche Libellenarten schießen auf unserem Planeten durch die Luft. Dabei können sie durch das Flirren ihrer Flügel, die eine Spannweite von 5 bis 20 Zentimetern haben, eine Geschwindigkeit von bis zu 50 km/h erreichen. Einer der Vorfahren der Libelle hatte vor Jahrmillionen sogar eine Flügelspannweite von 65 bis 75 Zentimetern! Und in diesem einst gigantischen geflügelten Lebewesen liegt ein Geheimnis verborgen. Im Körper der Libellen (und anderer Insekten) stecken Röhren, die Sauerstoff transportieren. Je höher der Sauerstoffgehalt in der Luft ist, desto größer ist das Insekt. Vor Millionen von Jahren war der Sauerstoffgehalt viel höher – und das könnte der Grund dafür sein, dass diese Vorfahren so gigantisch groß waren.

(2) *Wespe*

Die Wissenschaft nimmt an, dass die Vorfahren der Wespen zur gleichen Zeit gelebt haben wie die Dinosaurier – vor Millionen von Jahren. Man hat Wespen in Bernstein, also fossilem Harz, eingeschlossen gefunden. Es beweist, dass die Wespen von damals schon so ähnlich ausgesehen haben wie die heutigen. Wespen bringen ihre Beute in ihre Nester zurück, wo sie diese zerstückeln, um ihren Babys eine nahrhafte Mahlzeit zu servieren. Sie mögen sich in all dieser Zeit nicht sehr verändert haben, aber eines ihrer größten Geheimnisse ist, dass sie die Vorfahren der Bienen sind.

(3) *Biene*

Bienen sahen einmal so aus wie die urzeitlichen Wespen und wie diese jagten sie andere Insekten. Dann entwickelten sie sich weiter und wurden zu Vegetariern. Vor langer Zeit gab es auf der Erde noch keine Blumen, die sie besuchen konnten, daher ernährten sich die Bienen, wie ihre Vorfahren, von anderen Insekten. Aber als immer mehr Blumen wuchsen, veränderten sie sich: Ihre Zungen wurden länger und das Fleisch schmeckte ihnen immer weniger, bis sie schließlich von Blüte zu Blüte summten und die Pflanzen der Erde bestäubten.

(4) *Schmetterling*

Wie bei vielen Lebewesen hat man auch das Rätsel um die Entstehung der Schmetterlinge noch nicht vollständig gelöst. Manche Wissenschaftler sind der Ansicht, dass sie von Motten abstammen, die sich weiterentwickelt haben könnten, um durch die Nacht schwirrenden Jägern, wie den Vorfahren der Fledermäuse, aus dem Weg zu gehen. Andere nehmen an, dass sie entstanden sein könnten, nachdem sich die Bienen aus den Wespen entwickelt haben und diese begannen, Blumen zu bestäuben, von denen sich Schmetterlinge ernähren.

Geheimnisse der Nacht

Wenn es Nacht wird und wir schlafen, erwacht das Schauspiel des Weltalls. Der Mond scheint, die Sterne funkeln und ab und zu kann man einen Kometen sehen, der mit seinem feurigen Schweif über den Nachthimmel zieht. Wie viele geheime Geschichten über die Vergangenheit verbergen sich in der Dunkelheit?

Die Sterne, die du am Himmel siehst, sind nur ein kleiner Teil der Trillionen Sterne, die es im Weltall gibt und die vor Milliarden von Jahren aus großen Gaswolken geboren wurden. Als unser Sonnensystem entstand, zogen die Sterne in einer dieser Wolken durch die Schwerkraft Materie zu einer flachen Scheibe zusammen – der Galaxie, die wir Milchstraße nennen. In dieser Galaxie befindet sich die Sonne. Die Gravitation der Sonne hält die acht Planeten, auch unsere Erde, in ihrer Umlaufbahn. Selbst wenn du die Sonne nachts nicht sehen kannst, gäbe es ohne sie weder die Nacht noch uns ...

(2)

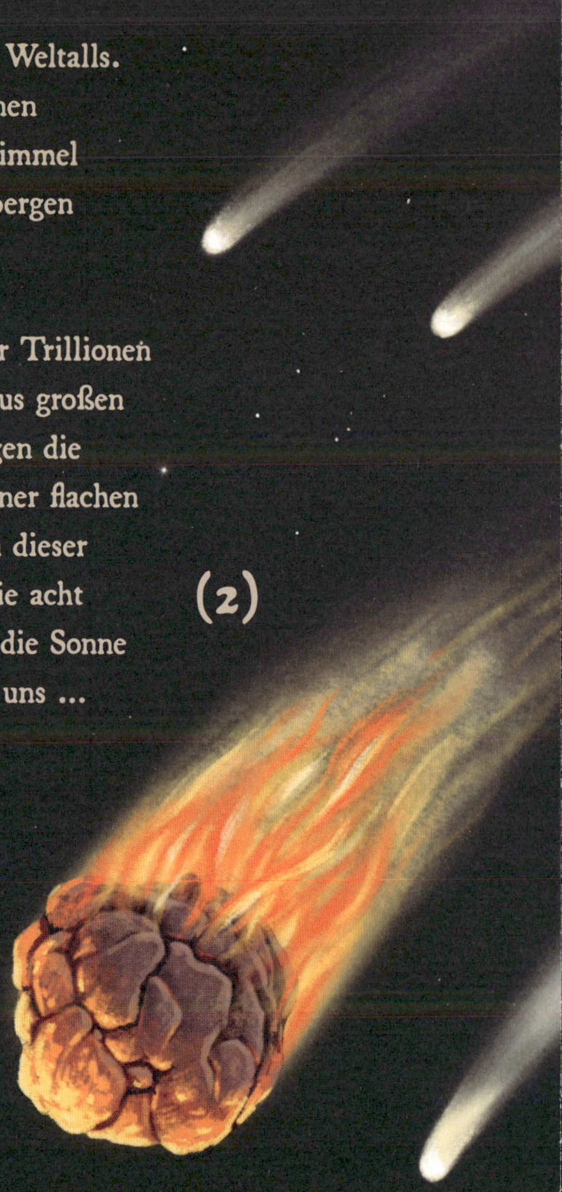

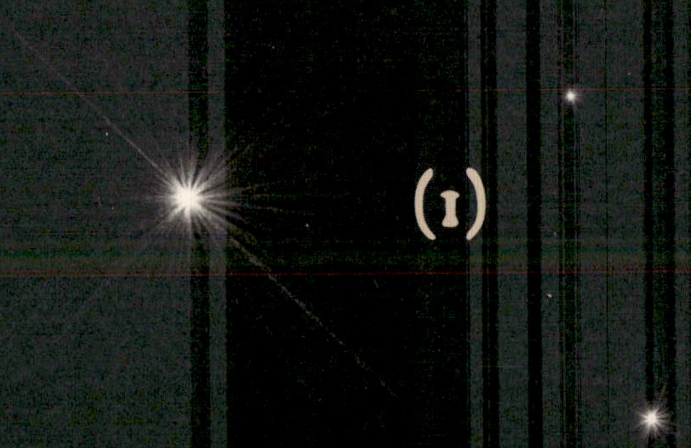

(1)

Die Wissenschaft glaubt, dass bei der Geburt eines Sterns etwas, das man Dunkle Materie nennt, beteiligt ist. Aber die Dunkle Materie ist so geheim, dass sie noch niemand gesehen hat.

(1) *Stern*

Die Sterne haben unsere Erde hervorgebracht, was für sich allein schon eine unglaubliche Tatsache ist, aber noch unglaublicher ist, dass auch DU aus den Sternen entstanden bist. Sterne bestehen größtenteils aus Wasserstoff und Helium, zwei wichtigen chemischen Elementen. Und fast alle anderen Elemente in unserem Universum sind wiederum bei der Explosion von Sternen entstanden – also die Elemente, aus denen alles auf der Erde besteht, auch du.

(2) *Sternschnuppe*

Sternschnuppen, auch Meteore genannt, sind Gesteinsbrocken im Weltall, die manchmal als Sternschnuppenschauer über den dunklen Himmel rasen. Manche bewegen sich langsam und haben einen beeindruckenden Schweif – andere sind ein Feuerball und wieder andere sind schnell und leuchtend hell. Unabhängig von ihrer Geschwindigkeit transportieren Sternschnuppen Geheimnisse in Form von urzeitlichem Gestein, das gelegentlich auf die Erde fällt. Es enthält die Bausteine des Lebens. Wenn ein Meteor auf der Erde aufschlägt, nennt man ihn Meteorit. Dank dieser Millionen Jahre alten Gesteine wissen wir zum Beispiel, warum die Erde im Innersten aus einem Metallkern besteht – geschmolzenes Eisen und Nickel sind nämlich zum Erdmittelpunkt gesunken und haben den festen Kern gebildet.

(3) *Komet*

Kometen sind Klumpen aus uraltem Staub, Eis und Gas, die man manchmal in der Nacht am Himmel entdecken kann. Sie sind so urzeitlich, dass sie tatsächlich Überreste aus der Zeit sind, in der sich unser Sonnensystem vor Milliarden von Jahren erstmals geformt hat. Je näher Kometen der Sonne kommen, desto heißer werden sie, bis sich schließlich Staub und Gas zu einem feurigen, Millionen von Kilometer langen Schweif entzünden. Manchmal fallen sie zur Erde, und weil sie so lange im Weltall unterwegs waren, bringen sie, wie die Sternschnuppen, Geheimnisse des Universums mit. Ihre Bestandteile lassen uns wissen, welche Elemente bereits am Anfang unseres Sonnensystems existiert haben.

(4) *Mond*

Wenn du in der Nacht den Mond betrachtest, erkennst du vielleicht unterschiedliche Grauschattierungen. Vor langer Zeit gab es Vulkane auf der Mondoberfläche, die heftig Lava spuckten. Die grauen Flecken, die du siehst, sind Lava aus der Urzeit. Die dunklen Flächen des Mondes sind Krater, die nach Kollisionen zurückgeblieben sind. All diese Dinge liefern uns Hinweise darauf, wie der Mond überhaupt entstanden ist. Vermutlich verdanken wir ihn einem Zusammenstoß, bei dem die Erde vor sehr langer Zeit in einen anderen Planeten geknallt ist.

Waschbären können schwimmen und jagen gerne Fische.

Wir wissen, dass Säugetiere von Reptilien abstammen, aber nicht, warum Schuppentiere als einzige Säugetierart reptilienähnliche Schuppen haben. Durch Wilderei und den Verlust ihres Lebensraums gehören diese Geheimnisträger heute zu den vom Aussterben bedrohten Tierarten.

Dachs

Nachtaktive Säugetiere

Säugetiere sind behaarte, warmblütige Lebewesen, die für ihren Nachwuchs Milch produzieren. Auch wir Menschen sind Säugetiere. Aber die urzeitlichen Vorfahren der Säugetiere waren säugetierähnliche Reptilien. Die Wissenschaft ist der Ansicht, dass Säugetiere vor Hunderten von Millionen Jahren aus einer Reptilienart hervorgegangen sind, die man Therapsiden nennt. Diese Therapsiden entwickelten sich vermutlich zu nachtaktiven Tieren, um ihren Rivalen, den Dinosauriern, aus dem Weg zu gehen. Am Ende sind die Therapsiden ausgestorben, aber bevor das passierte, hatten sie bereits den Anstoß zur Entwicklung der Säugetier-Vorfahren gegeben.

Die ersten Säugetiere waren wahrscheinlich schon vor Jahrmillionen vor allem in der Nacht unterwegs, um den tödlichen Dinosauriern aus dem Weg zu gehen, die tagsüber aktiv waren. Aber als der riesige Asteroid auf der Erde einschlug und einen Tsunami auslöste, Asche die Erde bedeckte und ein großer Teil des Planeten durch Buschbrände Feuer fing, überlebten die Dinosaurier nicht.

Auch viele Säugetiere starben aus, aber manche konnten sich in ihre unterirdischen Höhlen retten und überlebten die tödlichen Jahre nach dem Einschlag im Dunkeln. Das nimmt die Forschung zumindest an. Diese Säugetiere hatten sich bereits vorher gut an die Dunkelheit angepasst. Nach vielen, vielen Jahren entwickelten sich aus diesen Säugetieren die erfolgreichsten Taglebewesen der Evolution – die Menschen.

Aber laut Wissenschaftlern sind die Augen der meisten heutigen Säugetiere selbst nach Millionen von Jahren noch besser für das nächtliche Sehen geeignet. Manche Arten ziehen es weiterhin vor, in der Nacht statt am Tag unterwegs zu sein, genau wie ihre Vorfahren …

Stinktiere können ihr streng riechendes Sekret bis zu fünf Meter weit spritzen.

Fleckenskunk

Igel

Fledertiere

Fledertiere lieben die Nacht und flitzen durch den dunklen Himmel – manche Arten können dabei Geschwindigkeiten von bis zu 160 km/h erreichen! Fledertiere haben sich aus den Nachfahren der Säugetiere entwickelt, die die Erde vor Millionen und Abermillionen von Jahren bevölkert haben, und sind heute – soweit wir wissen – die einzigen Säugetiere, die fliegen können. Die Forschung hat noch nicht herausgefunden, warum sie diese Fähigkeit entwickelt haben. Fledermäuse nutzen ihre erstaunlich feinen Ohren, um ihre Umgebung wahrzunehmen – einschließlich der Motten, der Lieblingsspeise mancher Fledertierarten …

Nachtfalter

Nachts flirren zahllose Motten durch die Luft und machen dabei einen Bogen um Fledermäuse und andere nächtliche Fressfeinde. Am Boden hüten sie sich vor Spinnen, Fröschen, Eidechsen und sogar Igeln. Motten mögen klein erscheinen, aber die urzeitlichen Nachtfalter waren noch viel kleiner. Man geht davon aus, dass die ersten winzigen Motten zur gleichen Zeit wie die ersten Dinosaurier gelebt haben. Damals gab es noch keine blühenden Pflanzen, die sie mit ihren langen, röhrenartigen Zungen, die sie heute haben, aussaugen konnten. Also benutzten sie ihre Saugrüssel, um süßen Baumsaft oder Wasser zu trinken. Nachtfalter haben vor Millionen von Jahren Ohren ausgebildet, um ihren Feinden zu entkommen. Heute helfen sie ihnen, sich vor Fledertieren zu schützen. Aber clevere Motten haben auch neue Abwehrmechanismen entwickelt. Sie können mit ihren Flügeln die Schallwellen schlucken, die Fledermäuse aussenden, um zu hören, ob Motten in der Nähe sind.

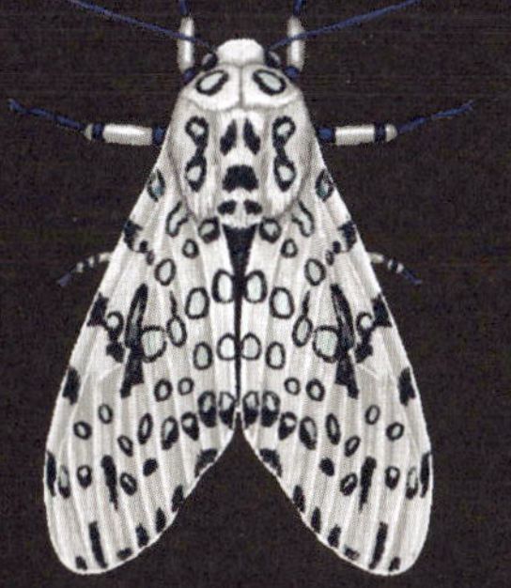

Geheimnisse im Boden

Tief unter der Erde, im Boden oder unter Blättern verborgen existiert eine lebhafte, vielfältige Welt. Aus verschiedenen Gründen leben viele Kreaturen unterirdisch oder versteckt in Höhlen, unter Blättern oder im Schlamm. Manche sind nachtaktiv und brauchen einen sicheren, warmen Ort, an dem sie sich vor ihren Feinden verkriechen können, andere benötigen einen Platz zum Überwintern oder kühlen Schutz vor der Hitze des Tages. Egal, an welchem Ort der Welt wir leben, eines ist sicher: Direkt unter unseren Füßen verbergen sich viele Geheimnisse ...

(1)

(1) *Königspython*

Die Königspython ist nur eine von vielen Schlangen, die gerne in Erdlöchern leben. Weltweit sind uns heute etwa 3000 Schlangenarten bekannt. Wissenschaftler haben Fossilien gefunden, die beweisen, dass Schlangen früher Hinterfüße besaßen. Pythonschlangen und Boas, wie die Boa Constrictor, haben immer noch winzige Überreste von Hinterbeinen an ihrem Schwanz.

(2) *Skorpion*

In Australien lebt eine Skorpionart, die in ihrem Spiralloch wartet und sich ausschließlich von Spinnen ernährt, die sich in den Boden graben. Es gibt über 2000 unterschiedliche Skorpionarten und ihre Urgeschichte ist unglaublich. Ihre Vorfahren existierten zu einer Zeit, als ALLE unsere Vorfahren in den Ozeanen lebten, aber sie waren die ersten Kreaturen, die aus dem Wasser krabbelten und begannen, an Land zu leben. Damit waren sie Vorbild für viele andere Tiere, die ihnen folgten.

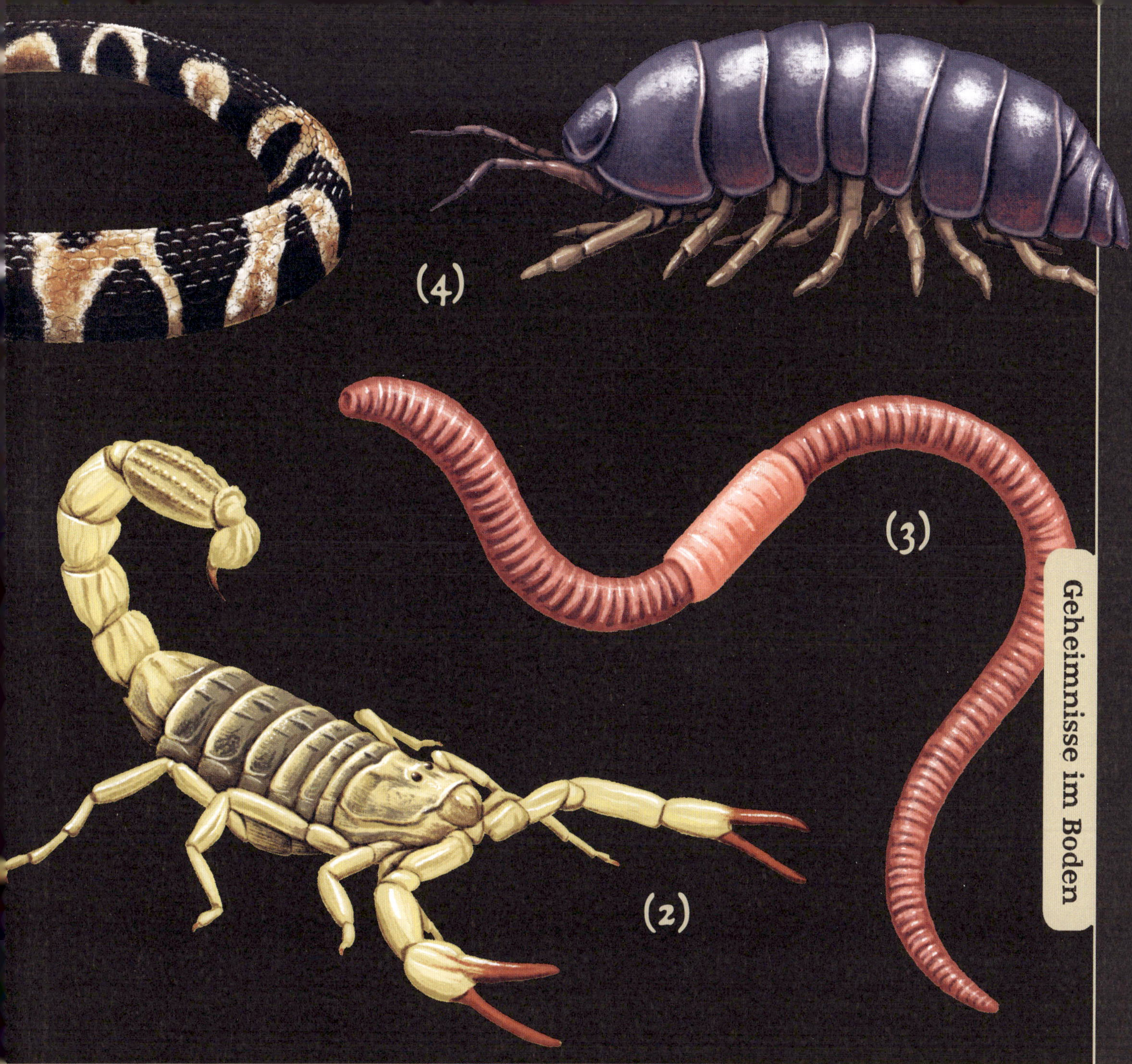

(3) *Regenwurm*

Regenwürmer sind die heimlichen Helden der Erde. Sie erschaffen Leben, weil sie den Erdboden über ihre Gänge mit Sauerstoff versorgen und damit Pflanzen helfen, gesund zu wachsen, was wiederum lebenswichtig für uns alle ist. Da sie von zentraler Bedeutung für die Natur sind, glauben Forscher, dass Würmer auch nach dem Asteroideneinschlag, der die Dinosaurier vernichtet hat, dabei geholfen haben, wieder Lebewesen im Erd- und Meeresboden anzusiedeln, die dann wiederum Nahrung für Tiere boten.

(4) *Assel*

Asseln haben kaum mehr Ähnlichkeit mit ihren deutlich größeren ausgestorbenen Vorfahren – den Trilobiten –, die am Meeresgrund gelebt haben und Augen in ihren seitlichen Lappen hatten. Die Augen der Asseln liegen ebenfalls seitlich am Kopf, damit sie Licht, Schatten und große bewegliche Objekte wahrnehmen können. Sie sind lichtempfindlich, deshalb halten sich Asseln an dunklen Orten auf. Anders als die Trilobiten können sie nicht schwimmen, aber sie atmen die Luft durch Kiemen ein, wie viele Wassertiere. Vermutlich ist das ein Erbe ihrer Vorfahren.

Nagetiere

Auch wenn sie sich im Aussehen unterscheiden, gehören Wasserschweine und Mäuse zur gleichen Familie – den Nagetieren. Und Nagetiere zählen zu den erfolgreichsten Lebewesen der Erde. Ihre Vorfahren haben sich clever angepasst und den großen Asteroideneinschlag überlebt, der die Dinosaurier getötet hat. Heute machen sie ungefähr 40 Prozent aller Säugetierarten aus.

Die Vorfahren der Nagetiere flitzten einst über einen riesigen Superkontinent, Pangaea, der irgendwann in die Kontinente zerbrach, die es heute gibt. Diese ersten nagetierähnlichen Lebewesen gehörten zu einer Gruppe der Höheren Säugetiere, und die Wissenschaft glaubt, dass sie sich diese Vorfahren mit den Menschen teilen könnten. Das bedeutet, dass Nagetiere, inklusive Mäuse und Ratten, zum Teil die gleiche DNA wie Menschen haben.

Das Schnabeltier gräbt sich sein Zuhause an den Flüssen und Bächen Australiens. Es hat einen Schnabel wie eine Ente, Füße wie ein Otter und einen Schwanz wie ein Biber – damit ist dieses Eier legende Säugetier eines der ungewöhnlichsten Lebewesen in der Geschichte der Evolution.

Attenborough-Langschnabeligel

Schnabeltier

Kloakentiere

Vor langer Zeit legten die Vorfahren der Säugetiere Eier, während die heutigen Säugetiere ihren Nachwuchs lebend gebären (anstelle von Eiern, wie sie Reptilien oder Vögel ausbrüten). Aber eine Ordnung der Säugetiere hat nie aufgehört, Eier zu legen – die Kloakentiere. Die einzigen noch Eier legenden Säugetiere der Welt sind heute das Schnabeltier und der Schnabeligel, obwohl sie sonst alle Merkmale von Säugetieren besitzen (sie sind behaart und füttern ihre Jungen mit Milch).

Die Wissenschaft nennt das Mosaikevolution. Das bedeutet, dass sich manche Merkmale eines Lebewesens im Laufe der Evolution sehr stark verändern, während andere unverändert bleiben. Ein Beispiel: Die Menschen lernten aufrecht zu gehen, aber ihr Gehirn wurde erst später größer. Es ist unklar, warum die Kloakentiere nie aufgehört haben, Eier zu legen. Erst kürzlich entdeckten Forscher ein weiteres Geheimnis der Schnabeltiere – ihr Pelz leuchtet unter UV-Licht in der Dunkelheit!

Östlicher Langschnabeligel

Kurzschnabeligel

Rosapunkt-Marienkäfer

Siebenpunkt-Marienkäfer

Je nach Art können Marienkäfer schwarz, rot, gelb, orange, weiß, grau, braun, rosa und sogar blau sein.

Mexikanischer Bohnenkäfer

Käfer

Käfer schaffen sich in den unterschiedlichsten Lebensräumen im Boden ein Zuhause – in verrottendem Holz, in Pflanzen und Pilzen, in toten Tieren und sogar in Exkrementen! Ihre Gräben können uns Nützliches über die Urzeit verraten ...

Mistkäfer verbringen ihre Zeit damit, die Kacke von anderen Tieren zu einer Kugel aufzurollen, die ihnen und ihren Larven als Nahrung dient. Ganz besonders mögen sie die Exkremente von Pflanzenfressern. Die Forschung hat herausgefunden, dass Mistkäfer ein uraltes Geheimnis hüten – man hat ihre Gänge in Dinosaurierkacke konserviert gefunden! Das bedeutet, dass Mistkäfer schon zu der Zeit, in der die Dinosaurier lebten, Kotkugeln gerollt haben, und dass die Dinosaurier, die die fossile Kacke produziert haben, Pflanzenfresser gewesen sein müssen.

Weil es Hunderttausende verschiedener Käferarten auf der Erde gibt, die sich ganz unterschiedlich verhalten, ist es so schwer, ihre Geheimnisse zu entschlüsseln. Die Kurzflügler haben sich im Laufe der Evolution auf Ameisen eingestellt. Sie leben in ihrer Nähe und bringen sie sogar dazu, sie zu füttern. Bombardierkäfer hingegen haben die Fähigkeit entwickelt, kochend heiße Chemikalien auf ihre Feinde zu sprühen. Hier ist eine Auswahl der buntesten Käfer der Welt ...

Stahlblauer Marienkäfer

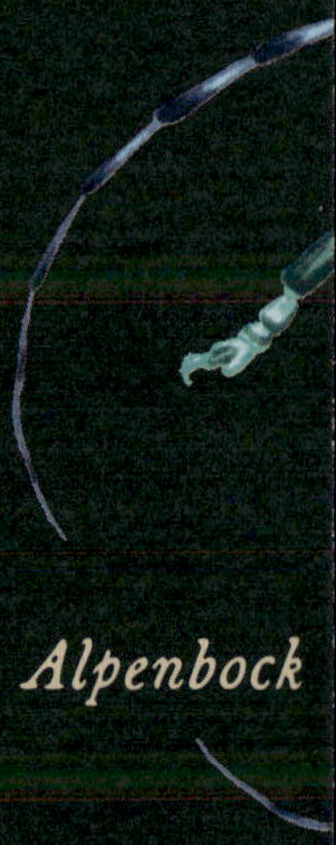

Alpenbock

Prachtkäfer

Kartoffelkäfer

Skarabäus

Der Bombardierkäfer hat einen Schutzmechanismus entwickelt, bei dem er Chemikalien aus seinem Bauch feuert, die in der Luft explodieren können!

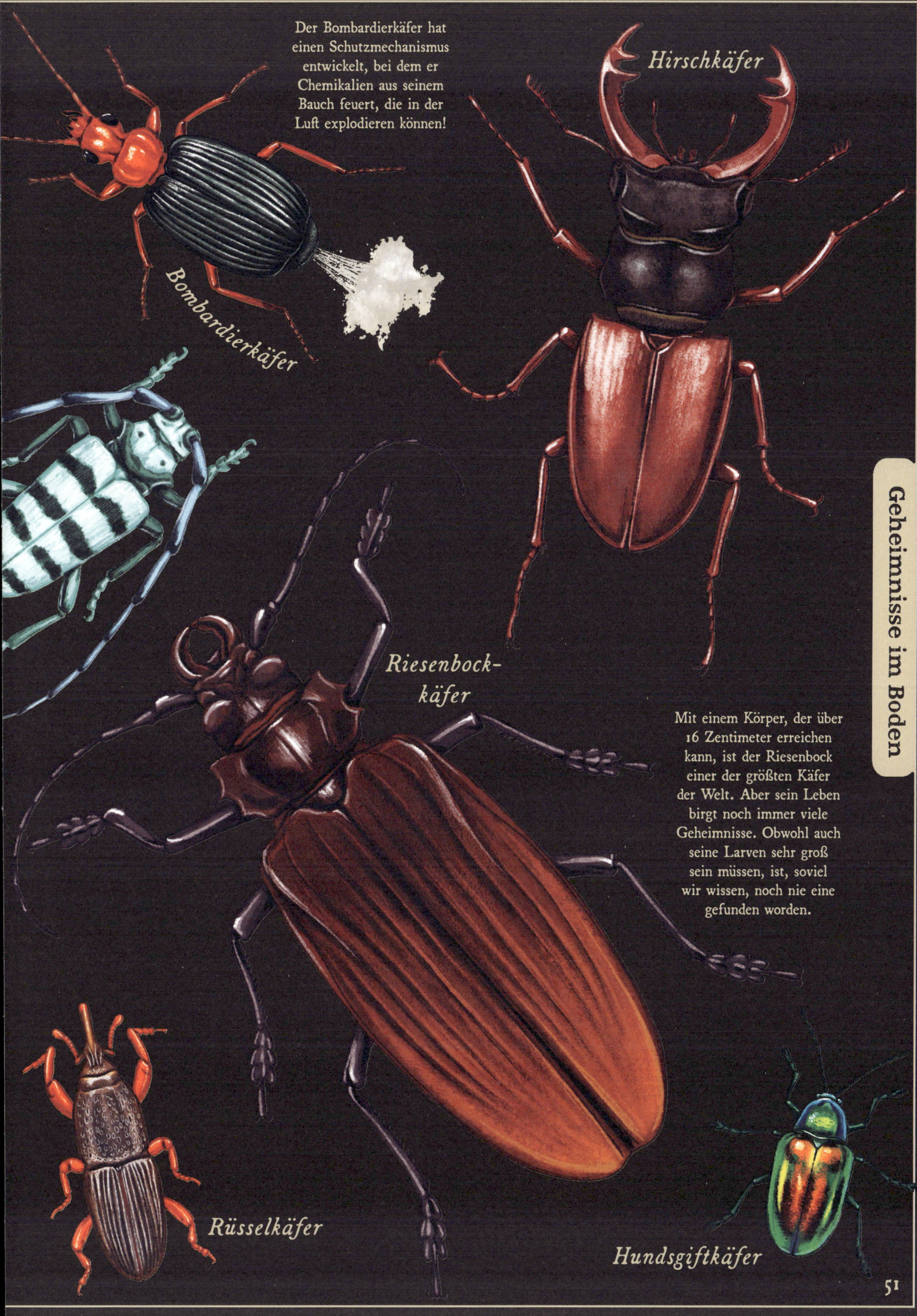

Mit einem Körper, der über 16 Zentimeter erreichen kann, ist der Riesenbock einer der größten Käfer der Welt. Aber sein Leben birgt noch immer viele Geheimnisse. Obwohl auch seine Larven sehr groß sein müssen, ist, soviel wir wissen, noch nie eine gefunden worden.

Auf der Suche nach Geheimnissen

Da du jetzt weißt, dass überall in der Natur geheime Geschichten versteckt sind, kannst du selbst auf Entdeckungsreise gehen. Welche Wildtiere gibt es in deiner Umgebung? Welche Geheimnisse verraten sie dir? Vielleicht findest du etwas, auf das noch niemand vor dir gestoßen ist ...

Respektiere die Natur und die Umwelt, wenn du sie erforschst, und achte immer auf deine eigene Sicherheit, wenn du auf der Suche nach ihren Geheimnissen bist. Lass die Tiere und ihre Nester in Ruhe, trage Handschuhe, und auf keinen Fall solltest du unbekannte Pflanzen, Pilze, Beeren oder andere Sachen pflücken oder essen. Nimm immer einen Erwachsenen zur Unterstützung mit, wenn du die Natur erkundest.

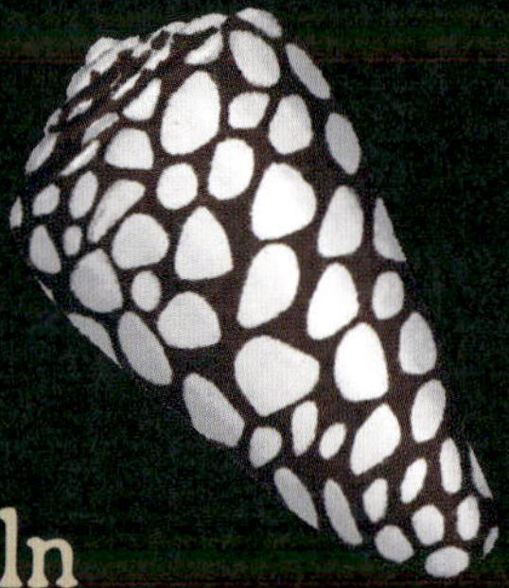

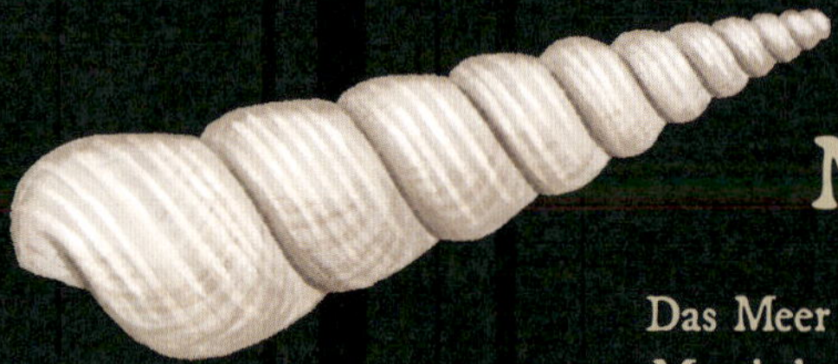

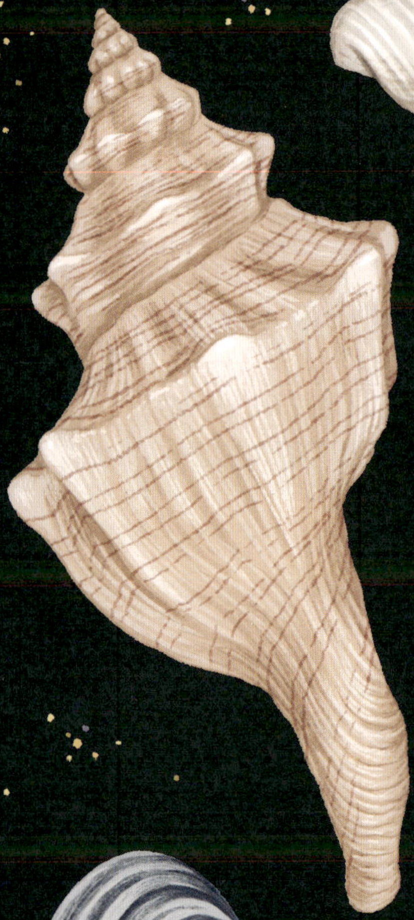

Muscheln

Das Meer spült viele unterschiedliche Muschelarten an den Strand. Welche Lebewesen haben wohl früher in ihnen gewohnt?

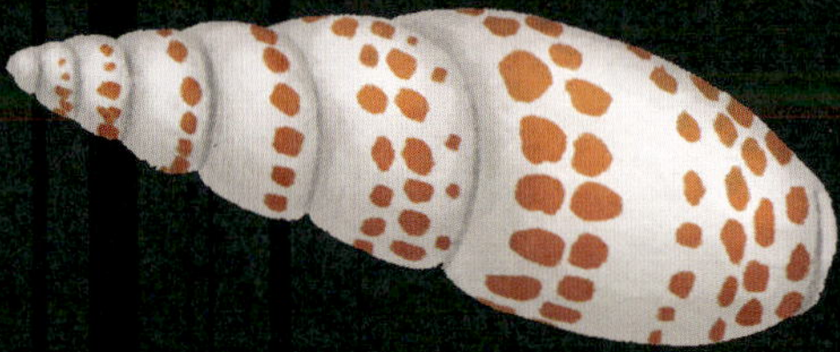

Versteinerungen

Diese seltsamen bunten Exemplare waren einst die Schalen von Meerestieren, zum Beispiel von Seeigeln.

Eikapseln

In diesen Beuteln reifen die Eier und Embryos von Rochen oder Haien heran.

Sand

Der Sand, den du am Strand unter deinen Füßen spürst, existiert schon seit Milliarden von Jahren. Er besteht aus winzigen Gesteinsbrocken, Quarz und den Überresten von Tieren.

Blätter

Blätter gibt es fast überall.
Sie erzählen uns, wie die Pflanzen
Sauerstoff produzieren. Schau dir
ihre winzigen Blattadern genau an.

Baumharz

Winzige Lebewesen bleiben im Saft der Bäume stecken und werden vom Baumharz eingehüllt, genau wie urzeitliche Käfer, Eidechsen und Frösche schon vor Jahrmillionen. Welche alten Fundstücke der Natur wirst du wohl im Baumharz entdecken?

Jahresringe

Siehst du einen Baumstamm? Seine Ringe erzählen uns, wie das Klima in der Vergangenheit war. Sehr breite Ringe berichten von warmem und nassem Wetter; wenn es kalt und trocken war, sind sie schmaler. Zähle die Jahresringe und finde heraus, wie alt der Baum ist!

Moose

Moose sind erstaunliche Pflanzen, die es auf allen Kontinenten gibt. Sie nehmen Regenwasser auf und sind lebenswichtig für unser Klima. Sie schützen die Wurzeln der Bäume vor Hitze und lassen die umliegenden Pflanzen besser wachsen. Die Wissenschaft glaubt, dass vor vielen Hunderten Millionen Jahren, als es auf der Erde viel zu heiß war, die Moose dazu beigetragen haben, unseren Planeten abzukühlen, und dass sich zur gleichen Zeit das Eis der Polkappen gebildet hat.

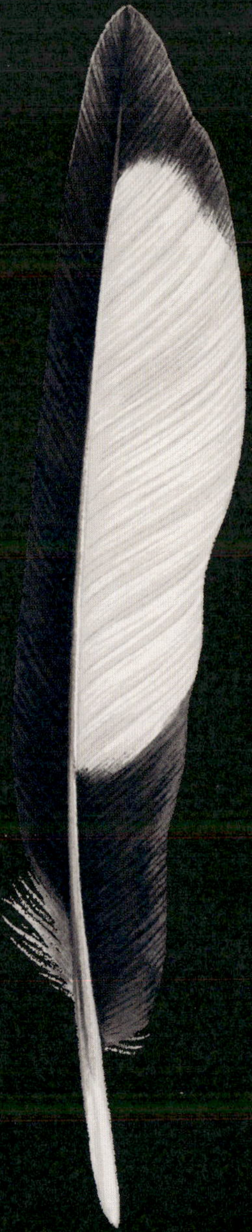

Federn

Federn findest du überall. Sie erinnern uns daran, was im Laufe der Evolution aus den Dinosauriern geworden ist: die Vögel. Vielleicht entdeckst du eine Feder, die ähnliche Farben hat, wie die des Archaeopteryx, einem Vorfahren der Vögel. Es gibt Hinweise, die die Vermutung nahelegen, dass seine Federn schwarz-weiß waren, ähnlich wie die der Elster.

Fossilien

Halte die Augen nach Fossilien offen. Vielleicht entdeckst du eine Gryphaea, eine krumme, gebogene Muschelart, die man in Deutschland und Frankreich oft im Kies finden kann. Diese ausgestorbenen Muscheln sind mit den Austern verwandt. Und wenn du viel Glück hast, kannst du einen versteinerten Ammoniten am Strand auflesen – ein Urzeitwesen mit Tentakeln.

Samen

Samen gibt es in allen Farben und Formen. Wenn du einen Samen findest, kann er von einer Pflanzenart stammen, die schon seit Millionen von Jahren blüht, Fruchtstände trägt und Samen produziert, wie die Magnolie.

Minerale

Manche Mineralien findet man häufiger als andere. Vielleicht entdeckst du ein Stück Quarz – ein Mineral, das sich gebildet hat, als das Magma in der Erdkruste erstarrt ist. Quarz ist eines der häufigsten Minerale in der Erdkruste. Auch viele Sandstrände bestehen aus winzigen zerbrochenen Quarzteilchen.

Die Geheimnisse der Erde entdecken

Seit Jahrtausenden sind die Menschen fasziniert von der Natur und versuchen, ihre Geheimnisse zu erforschen. Wir können nicht genau wissen, was vor Tausenden, Millionen oder Milliarden Jahren passiert ist, aber die Wissenschaft nutzt die Erkenntnisse aus Recherchen, Daten und Erfindungen, um die Geschichten der Vergangenheit zusammenzufügen. Jede Entdeckung führt zu einer weiteren und hilft uns dabei, unsere Welt zu verstehen. In der Forschung gibt es viele clevere Methoden, um die Geheimnisse der Erde aufzuspüren und zu entschlüsseln ...

Der Engländer Charles Darwin war der erste Naturforscher, der ein Werk veröffentlichte, das die Evolutionstheorie erklärte. Vorher konnten sich die meisten Menschen gar nicht vorstellen, dass jedes Lebewesen der Erde sich aus einem anderen weiterentwickelt hat – und dass die Vorfahren oft ganz anders aussahen oder sich anders verhielten als die Nachkommen. Durch Darwins Forschungen fand man heraus, dass alle Lebewesen gemeinsame Vorfahren haben, und dank dieser Erkenntnis konnten Wissenschaftler die Puzzlestücke des Stammbaums der Natur und der Entstehung des Menschen zusammensetzen.

Die Entdeckung der chemischen Elemente hat uns ebenfalls dabei geholfen, einige Geheimnisse der Erde zu enträtseln. Das Periodensystem besteht aus 118 Elementen. Eines von ihnen ist Kohlenstoff (oder Carbon), ein Element, das von Pflanzen gespeichert und in Sauerstoff umgewandelt wird. Erkenntnisse wie diese lassen uns zum Beispiel herausfinden, wie lange etwas schon auf der Erde existiert. Da Pflanzen Kohlenstoff speichern, können Forscher mithilfe der Karbondatierung feststellen, wie alt ein Fossil ist. Auch Tiere nehmen Carbon auf, wenn sie Pflanzen fressen oder ein Tier, das sich von Pflanzenmaterial ernährt. Wenn ein Lebewesen stirbt, speichert es Kohlenstoff, der sich mit der Zeit jedoch abbaut. Der Karbongehalt, der noch in einem Fossil steckt, verrät uns, wann es gelebt hat. Die Karbondatierung funktioniert bis zu einem Alter von etwa 50.000 Jahren. Um Fundstücke zu bestimmen, die Jahrmillionen oder Jahrmilliarden alt sind, zählen Wissenschaftler die Anzahl der radioaktiven Atome, die sich in den Gesteinsschichten befinden, in die das Fossil eingeschlossen war.

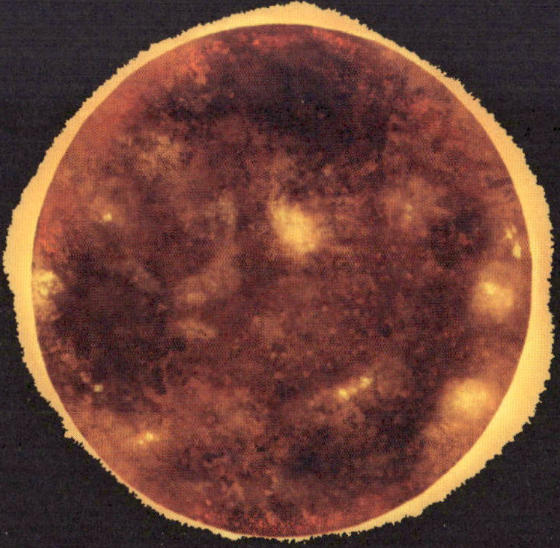

Selbst um uns die Geschichte der Sterne, einschließlich des uns am nächsten liegenden Sterns, der Sonne, zu erzählen, stützen sich Wissenschaftler auf die Erkenntnisse über die Elemente. Die britisch-amerikanische Astronomin Cecilia Payne-Gaposchkin war an der Entdeckung beteiligt, dass Sterne überwiegend aus zwei Elementen bestehen: Wasserstoff und Helium. Gelegentlich explodieren Sterne, die ihren Wasserstoff verbraucht haben, und setzen damit einen Entstehungsprozess neuer Sterne in Gang. Unsere Galaxie entstand aus Sternen, die vor Milliarden von Jahren existiert haben.

Und es gibt ständig neue Entdeckungen, von weit entfernten Planeten im Weltall …

Über 5000 neue Planeten wurden bisher entdeckt.

… bis zurück zum Boden unter unseren Füßen.

Auf diesen Dinosaurier mit winzigen Stummelärmchen stieß man im Jahr 2022. Die Wissenschaft erforscht die Geheimnisse seiner Vergangenheit.

Es ist immer noch unklar, warum der T. rex so kurze Arme hatte oder wozu der Stoßzahn des Narwals dient – die geheimen Geschichten der Natur begannen vor 4,5 Milliarden Jahren und es gibt noch viele Rätsel zu entschlüsseln. In Hunderten, Tausenden, Millionen von Jahren werden viele Erkenntnisse, die wir heute als Fakten ansehen, durch neue Forschungen und Technologien überholt sein oder sich weiterentwickelt haben. Aber was die geheimen Geschichten in diesem Buch betrifft, sind wir noch nicht am …

… ENDE.

Die Geheimnisse der Erde schützen

Wir müssen die Erde und ihre Geheimnisse schützen. Viele Lebewesen drohen auszusterben, weil die Menschen in ihr Habitat eingegriffen und zum Klimawandel beigetragen haben. Die Rodung (Abholzung) riesiger Waldflächen zerstört die Lebensräume der Tiere; dadurch verlieren sie sowohl ihren Schutzraum als auch ihre Nahrungsquellen. Wir müssen alle zusammenarbeiten, Bäume wieder aufforsten, die Meere schützen und gegen den Klimawandel kämpfen, damit wir die unglaublichen Geschichten unseres wunderbaren Planeten bewahren.

Diese Tiere (und viele andere) sind in Gefahr, aber wir können ihnen und auch den Tieren und Pflanzen in unserer Umgebung helfen …

(1)

(2)

(1) *Miami-Blue-Schmetterling*

Diese Schmetterlingsart, die in Südflorida in den USA lebt, ist eines der seltensten Insekten Nordamerikas. Gefährdet ist sie vor allem durch den schwindenden Lebensraum, Hurrikans und Insektizide (Chemikalien, die Insekten abtöten). Mit Wildwuchsflächen, in denen sie Nahrung und Schutz finden, können wir Schmetterlingen helfen. Wenn du Blumen im Garten oder in Balkonkästen pflanzt, versorgst du Schmetterlinge ebenfalls mit Nahrung. Du kannst dich erkundigen, welche Schmetterlingsarten in deiner Umgebung leben und ihre Lieblingspflanzen setzen. Wenn wir ihr Verhalten beobachten, können wir Insekten und andere Tiere besser schützen.

(2) *Sumatra-Tiger*

Schätzungsweise existieren nicht einmal mehr 400 Sumatra-Tiger, die sich in den Überresten ihrer Waldheimat auf der indonesischen Insel Sumatra verstecken. Die Wälder wurden für die Herstellung von Palmöl und Papier abgeholzt. Kleinere Waldflächen bedeuten für die Tiger weniger Beute, also weniger Nahrung. Aber die Tiere werden auch von Wilderern gejagt. Umweltschützer unterstützen sie, indem sie Bäume pflanzen und sich um ihren Lebensraum kümmern. Du hilfst Waldtieren, indem du Recyclingpapier verwendest oder Papier, das aus wiederaufgeforsteten Wäldern stammt. Schau nach Produkten, die durch das Forest Stewartship Council (FSC) zertifiziert sind oder zu 100 Prozent aus Recycling stammen.

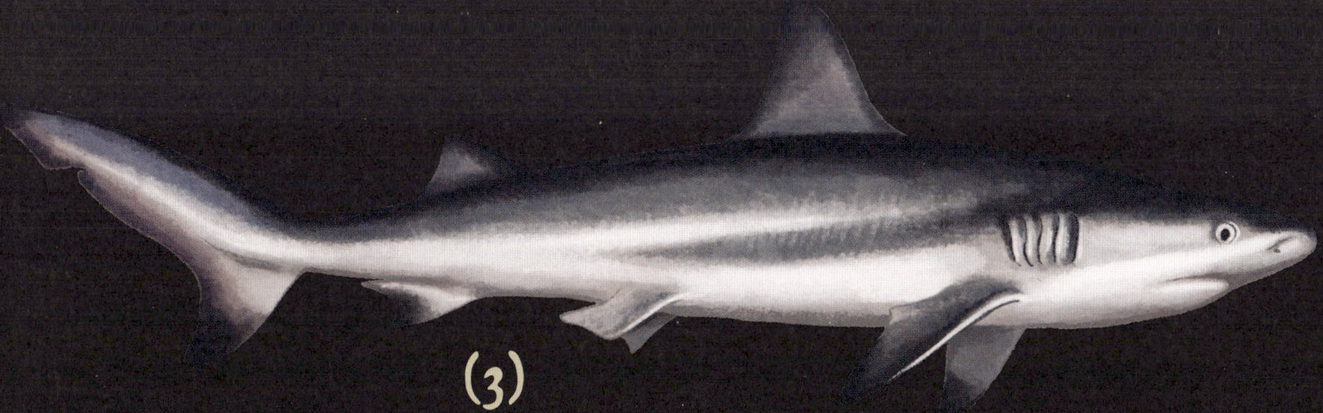

(3)

(4)

(3) *Pondicherryhai*

Durch Überfischung und den Verlust ihres Lebensraums sind Pondicherryhaie so selten geworden, dass man sie kaum mehr sieht. Aber das ist nicht die einzige Haiart, die gefährdet ist. Wir können Haien helfen, indem wir sie nicht mehr jagen und ihr Habitat in den Meeren schützen. Viele Menschen haben Angst vor Haien, aber wenn wir mehr über sie wissen und anderen von diesen erstaunlichen Tieren erzählen, tragen wir dazu bei, dass die Menschen Haie respektieren und nicht fürchten. Auch indem wir die Strände sauber halten, helfen wir ihnen, denn Plastik und anderer Müll zerstören die Lebensräume im Meer. Du kannst deine Eltern bitten, mit dir zusammen an einem Aktionstag zum Säubern der Küsten und Flussufer teilzunehmen.

(4) *Eisbär*

Der Klimawandel ist dafür verantwortlich, dass die für die Eisbären lebenswichtige Eisdecke schmilzt. Wir können Eisbären und ihrem Habitat helfen, wenn wir den Klimawandel bekämpfen und weniger Treibstoffe verbrennen. Du kannst einen Beitrag leisten, indem du Strom sparst, Müll reduzierst und so wenig Essen wie möglich wegwirfst, denn das Anbauen, Ernten und Transportieren von Lebensmitteln verbraucht sehr viel Energie. Die Herstellung von Plastik trägt ebenfalls zum Klimawandel bei; du hilfst also, wenn du plastikarme oder -freie Verpackungen kaufst und Plastikprodukte so oft wie möglich wiederverwendest oder zum Recycling gibst.

Glossar

A

AHNE – siehe Vorfahre

ART – siehe Spezies

ARTENSTERBEN – das Aussterben von Tier- oder Pflanzenarten

ASTEROID – ein Kleinkörper aus Gestein, der sich um die Sonne bewegt

AUFFORSTEN – ein abgeholztes Gebiet mit Bäumen bepflanzen

AUSGESTORBEN – ein Lebewesen, das es nicht mehr gibt

B

BAKTERIEN – sehr kleine Lebewesen

BARTE – lamellenförmige Platten, die bei Bartenwalen die Zähne ersetzen. Mit ihnen filtern sie Nahrung, wie Krill, aus dem Meerwasser

BESTÄUBUNG – die Befruchtung einer Pflanze, damit sie Samen bilden kann und neue Pflanzen wachsen

C

CARBON – siehe Kohlenstoff

E

EISBOHRKERN – ein Zylinder, der aus Eismassen gewonnen wird und Informationen zur Erdgeschichte liefert

ELEMENT – ein chemischer Reinstoff, der sich nicht mehr in kleinere Stoffe zerlegen lässt. Elemente sind die Bausteine allen Lebens im Universum

EVOLUTION – die Weiterentwicklung von Lebewesen im Laufe der Zeit

F

FOSSIL – die Überreste oder Spuren von Lebewesen, die in früheren Zeitaltern existierten

G

GRAVITATION oder SCHWERKRAFT – eine unsichtbare Kraft, mit der sich unterschiedliche Massen, d. h. Dinge, gegenseitig anziehen

H

HABITAT – der Lebensraum von Tieren oder Pflanzen

HYPHEN – fadenförmige Zellen von Pilzen, die der Nährstoff- und Wasseraufnahme dienen

K

KARBONDATIERUNG – eine Methode, um das Alter von Lebewesen zu bestimmen, die in früheren Zeiten gelebt haben. Dabei misst man, wie viel Kohlenstoff sie noch enthalten

KOHLENDIOXID oder KOHLENSTOFFDIOXID (KURZ CO_2) – ein Gas, das bei der Verbrennung von kohlenstoffhaltigen Materialien entsteht sowie beim Ausatmen von Lebewesen, auch von Menschen. Es reichert sich in der Erdatmosphäre an und gilt als eine der Ursachen für die globale Erwärmung und den Klimawandel

KOHLENSTOFF oder CARBON – eines der wichtigsten chemischen Elemente unserer Erde

L

LAVA – flüssiges Gestein, das aus dem Erdinneren an die Oberfläche gelangt

M

MAGMA – geschmolzenes Gestein unterhalb der Erdoberfläche

MARIN – zum Meer gehörend

MASSENAUSSTERBEN – das Aussterben sehr vieler Arten innerhalb relativ kurzer Zeit

N

NACHKOMMEN – Lebewesen, die von einem bestimmten Vorfahren abstammen

O

ORGANISMUS – Lebewesen

OZEAN – Ozeane umgeben Kontinente. Sie liegen auf Basaltboden, Meere auf der kontinentalen Erdkruste. Ozeane sind viel größer und tiefer als Meere

P

PALÄONTOLOGE – jemand, der ausgestorbene Tiere und Pflanzen der unterschiedlichen Erdzeitalter erforscht

POLYP – ein winziges Wasserlebewesen mit einem röhrenförmigen Körper und Fangarmen rund um den Mund

PRIMAT – Lebewesen aus der Ordnung der Primaten stammen alle von einem Urprimaten ab. Dazu gehören Menschen, Menschenaffen und Affen

S

SAUROPODEN – riesige pflanzenfressende Dinosaurier mit langem Hals, langem Schwanz und kleinem Kopf

SCHWERKRAFT – siehe Gravitation

SONNENSYSTEM – ein Stern und die Planeten, die ihn umrunden

SPEZIES oder ART – eine Gruppe von Lebewesen, die sich ähnlich sind und sich miteinander paaren

SYMBIOSE – das Zusammenleben unterschiedlicher Lebewesen zum gegenseitigen Vorteil

T

TETRAPODEN – Landwirbeltiere, die auf vier Beinen gehen

THEROPODEN – aufrecht laufende, meist fleischfressende Dinosaurier. Auch die Vogelvorfahren und die heutigen Vögel zählen zu dieser Gruppe

U

URZEITLICH oder FRÜHZEITLICH – sehr alt

V

VORFAHRE oder URFORM oder AHNE – eine frühe Lebensform eines Tieres oder einer Pflanze, aus der sich weitere Formen entwickelt haben

Z

ZYLINDER – eine lange dreidimensionale Form mit zwei gegenüberliegenden Kreisflächen und einer rechteckigen Mantelfläche

Für George und Henry – S. G.

Für Natasha und V – V. R.

Titel der Originalausgabe: *Secret Stories of Nature*

Übersetzt aus dem Englischen von Birgit Franz

Projektmanagement: Fatima Grieser, Constanze Holler
Lektorat: Sabrina Kiefer
Herstellung und Satz: Susanne Hermann, Doruntina Berisha
Druck und Bindung: 1010 Printing International Ltd., Guangdong, China

MIX
Papier | Fördert gute Waldnutzung
FSC® C016973

Penguin Random House Verlagsgruppe FSC® N001967
ISBN 978-3-7913-7584-7
www.prestel-junior.de

Die Natur zu erforschen macht viel Spaß, kann aber auch gefährlich sein. Wir möchten aus diesem Grund darauf hinweisen, dass Kinder die Natur immer respektvoll und nur unter Aufsicht von Erwachsenen erkunden sollten. Unbekannte Tiere, Pflanzen, Pilze und Beeren sollten auf keinen Fall angefasst oder gegessen werden.